华中语学论库（第六辑）

邢福义　主编

本书由2018年上海高校青年教师培养
资助计划（编号：ZZX18015）资助出版
本书为教育部人文社会科学重点研究基地
华中师范大学语言与语言教育研究中心成果

现代汉语反义配置研究

熊　威　著

华中师范大学出版社
2021年·武汉

新出图证（鄂）字 10 号

图书在版编目（CIP）数据

现代汉语反义配置研究 / 熊威著. —武汉：华中师范大学出版社，2021.4

（华中语学论库/邢福义主编．第六辑）

ISBN 978-7-5622-9286-9

Ⅰ.①现…　Ⅱ.①熊…　Ⅲ.①现代汉语—研究　Ⅳ.①H109.4

中国版本图书馆 CIP 数据核字（2021）第 011517 号

现代汉语反义配置研究

© 熊　威　著

责任编辑：肖绪旭　　**责任校对**：罗　艺

封面设计：罗明波

编辑室：高等教育分社　　**电话**：027-67867364

出版发行：华中师范大学出版社有限责任公司

社址：湖北省武汉市洪山区珞喻路 152 号　　**邮编**：430079

电话：027-67861549（发行部）027-67861321（邮购）

网址：http：//press. ccnu. edu. cn　　**电子邮箱**：press@mail. ccnu. edu. cn

印刷：湖北新华印务有限公司　　**督印**：刘　敏

开本：787mm×960mm　1/16　　**印张**：13　　**字数**：209 千字

版次：2021 年 4 月第 1 版　　**印次**：2021 年 4 月第 1 次印刷

定价：59.00 元

欢迎上网查询、购书

序　一

邢福义

随着历史的发展，社会的进步，科技的发达，语言学在整个世界范围内越来越展示出强大的活力和能量。中国语言学是世界语言学的重要组成部分。为了对中国语言学事业有所推动，我们组织撰写“华中语学论库”。作为专用名称，这里的“语学”主要指汉语语言学，近期的15年时间里以现代汉语语法专题研究为重点。“语学论库”，这是汉语语言学研究的一个系统工程，如果将来主客观条件具备，在研究范围上可以不断扩大，在研究时间上可以无限延展，在研究队伍上可以辈辈交接，代代传承。“华中”一词，既跟研究队伍的华中群体相关，又跟华中师范大学出版社的名称相关。

汉语语言学源远流长。千百年来，特别是《马氏文通》出版以来，尤其是20世纪70年代之后，由于一代代学者的不懈努力，汉语语言学沿着“创业—拓新—发展”的轨道不断推进。目前，汉语语言学所统括的汉语语法学、汉语语音学、汉语方言学、汉语词汇学、汉语语用学等学科，都已出现了初步繁荣的喜人局面。

但是，初步繁荣并不意味着已经成熟。对于语言学这样一门社会科学来说，成熟与不成熟的突出标志，应该是学派或流派是否已经形成。在这一点上，科学跟艺术情况相同。比方说，我国的京剧表演艺术已经达到了成熟的高峰，最基本的表现就是形成的这“派”那“派”，只要一提到“梅派”和“程派”，稍有京剧表演艺术知识的人就会知道这是两个具有各自特点的著名流派。又比方说，我国的书法艺术早已达到了成熟的高峰，最基本的表现就是形成了这“体”那“体”，只要一提到“颜体”，稍有书法艺术知识的人就会知道它是不同于“柳体”“欧体”等的有独特风格的书写体，甚至还会知道颜真卿打破了“书贵瘦硬”的传统书风，开创了二王体系之外的新体。然而，汉语语言学的各门学科，即使是其中发展速度最快的现代汉语语法学，仍然缺乏显示成熟的任何标志，距离真正成熟实际上还十分遥远。

当今的汉语语言学，面临的主要问题是“二求”：一求创建理论和方法，二求把事实弄清楚。这是互补互促而又互成因果的两个问题。没有理论和方法的成熟，一门学科不可能是成熟的。而理论和方法的创建，是学者们长期深入研究的成果，是有效地进行群体性思考、独立性思考和开拓性思考的结晶。因此，必然带有鲜明的个性，带有学派的印记，反映一派学者的思想体系、研究特点和总体成就。另一方面，没有对事实的清楚了解，理论和方法的创建便成为空中楼阁。从现代汉语语法研究来说，之所以至今尚未成熟，自成体系的理论和方法之所以尚未创立起来，最根本的原因还是对事实的了解基本上仍然处于朦胧的状态。真正适合于我国语言文字的理论和方法，最终只能产生在我国语言文字的沃土之上。因此，应该强调“研究植根于汉语泥土，理论生发于汉语事实”。不然，我国的汉语语言学在世界语言学中就可能永远处于附庸的地位，就永远不会有跟国外理论对等交流的时候。

学术派别的产生，起码应该具备三个条件：第一，有特定的学术领地，提示标志性的理论和主张；第二，有鲜明的治学特点，形成一套自己的研究方法；第三，有良好的学风，形成一支富有活力的队伍。近年来的研究状况表明，我国的学者们已经或多或少地显示了各自的风格特点，但是，顶多只能说其中孕育着某些派别意识，或者顶多只能说预示了某种派别意识的萌芽。汉语语言学的真正成熟，需要经历很长很长的历史阶段，有赖于众多的学者群策群力，更有赖于一辈一辈的学者发扬愚公移山的接力精神。我们华中研究群体人数很少，力量单薄，起点不高，功力不足，对于汉语语言学的发展起不了多大的作用，但是，我们愿意跟在前辈学者的后头，跟在全国各地学者的后头，尽心竭力地做点力所能及的工作。如果把建设富于特色的汉语语言学比作建筑一座大厦，那么，我们组织撰写“华中语学论库”，便是想为这座大厦的建筑献上几根钢筋、几块石头。通过参加大厦的建筑，使我们这支小小的队伍受到训练，这是我们的最大愿望。各部著作在内容上具有独立性，但我们希望，在出版了以上二十部之后可以看到研究风格上的某些特色和理论方法上的某种网络。

“华中语学论库”的撰写和出版，得到华中师范大学出版社的大力支持。年初，出版社社长朱峰先生和中文编辑室主任陈昌恒先生到我家，鼓励我牵头编写一套关于汉语语言学的丛书，要我拟订一个初步的计划。不久之后，新上任的总编辑王先霈先生了解了有关情况，立即审定计划，并且从内容到选题都提出了好些中肯的意见。他们为发展学术事业所作的决策，他们在出版事业上的决心、魄力和历史责任感，不管是对我个人还是对华中语言研究群体的所有成员，都是极为有力的鞭策。

千里之行，始于足下！

贵在努力，贵在坚持！

1996 年 5 月 4 日

序　二

汪国胜

熊威的博士论文《现代汉语反义配置研究》答辩之前我就读过。他的研究应该属于修辞学的范畴。我不研究修辞学，但对修辞学还是有兴趣的，可以说是修辞学的"票友"。熊威的论文引发我对修辞学的一些思考。

修辞学研究什么？不言而喻，当然是考察修辞现象（事实），探索修辞理论。但就当前来说，我觉得更应着力于事实的考察。20世纪30年代，陈望道先生发表《修辞学发凡》，铸就了中国现代修辞学的丰碑，其贡献不仅在于建立了一个科学的汉语修辞学体系，还在于构建了一个完备的汉语修辞格系统。它在前人研究的基础上，从丰富的修辞现象中归纳总结出38种修辞格式，并从形式及功能上详加阐释。其实，积极修辞和消极修辞之间、辞格和非辞格之间并没有绝对的界限。除了辞格之外，汉语在语音、词汇、语法上还蕴藏着丰富的表达手段，有待我们去归纳和总结。比如，表示强调，除了"夸张"和"反复"等辞格之外，汉语中还有哪些强调语意的表达形式？同是表达因果，下面A句和B句有些什么差异？

A. 因为有人帮助，他才这么风光。

B. 要不是有人帮助，他不会这么风光。

丰富的汉语修辞现象，为我们提供了广阔的研究空间。

修辞学怎么研究？就修辞现象的研究来说，我觉得应力求考察深入，描写精细。熊威的论文对现代汉语中"平凡的伟大""痛苦并快乐着""宁静的夜并不宁静"之类相反相成的反义配置现象，分类（偏正式、联合式、主谓式）进行了细致的刻画，揭示其语表、语里和语用特点，探究其生成、理解的深层机制，提出了一些富有创新性的见解，深化了我们对这一现象的认识。小题大做，深入发掘，这为汉语的修辞研究提供了一种思路上的参考。汉语修辞学需要这样的研究。

熊威的论文在研究取向和研究思路上，都是值得肯定的，体现了一种值得提倡的务实学风，因此出版是有价值的。它对于汉语修辞事实的发掘，修辞规律的揭示，修辞理论的生发，修辞学科的推进，都具有积极的意义。

“票友”谈修辞，不着边际。说出想法，求教于学界。

2019 年 11 月 1 日

序　三

冯广艺

熊威博士的第一部专著《现代汉语反义配置研究》即将出版。作为他的指导老师，我深感欣慰！

随着人们交际领域的不断扩大、交际方式的不断创新，修辞越来越显示出它的强大功能，“别创新例，另立新解”的修辞现象层出不穷，熊威研究的“反义配置”现象便是其中一种。陈望道先生曾在《修辞学发凡》中引“善游者溺，善骑者堕”“不塞不流，不止不行”，已涉及反义配置问题，他将其称为“奇说”或“妙语”的一种警策辞。可见，话面上矛盾反常而意思还是连贯通顺的言语表达古已有之。这种言语表达方式从 20 世纪 30 年代至今，已引起部分学者的注意，他们大多试图将其定义为某种修辞格，如“舛互”“相反相成”“矛盾”“反饰”等，论说莫衷一是。我曾在拙著《变异修辞学》中也专门探讨过这类看似矛盾对立、实则和谐隽永的言语运用现象，我将其称为“矛盾表达变异”。“矛盾”的言语表达是表达者为了修辞的需要而刻意使用的，属于变异性修辞。众所周知，变异性修辞具有创造性，研究变异性修辞能够帮助人们理解和欣赏文学作品，还能帮助并启发人们掌握言语表达的艺术，推动修辞学向前发展。因此，研究“反义配置”这种变异性修辞，是具有很强现实意义的。迄今为止，我只读到过一些提及“反义配置”相关现象的论文，尚未见到专门研究该现象的专著，这不能不说是语言学科中的一处空白。

熊威的《现代汉语反义配置研究》是专门研究这类言语变异现象的专著。他用丰富的语料深刻阐释了“反义配置”的语言学意义，在此基础上结合交叉学科理论，将认知心理学理论及方法应用到修辞研究中去，探索出修辞研究的新方法。本书整合了以往研究中的概念分歧，突破了变异性修辞的研究瓶颈，开拓了认知语用研究的新视野。可以说，本书的出版，既是对先贤研究的深刻总结，也是对我的学术思想的继承，更是对修辞学研究理念的创新。这是令我十分欣慰的地方。

《现代汉语反义配置研究》是一部下了不少功夫、颇具特色的著作。与其他语言学专著相比，这是一部有趣的书，在阅读过程中往往引人深思，发人深省。比如现在有许多歌曲名使用反义配置的方式命名："浓情淡如你""背对背拥抱""魔鬼天使""清醒梦"等。意思相反的语言单位为什么可以组合在一起？歌名中意图表达的深层含义是什么？人们在理解过程中为什么会觉得歌名并不矛盾？这些问题都能在《现代汉语反义配置研究》中找到答案。

本书既是一部修辞学研究著作，又是一部至今少见的现代汉语修辞研究"入门教材"，无论对哪个年龄层次的汉语修辞学界学者都有启发和参考价值。据我所知，目前有许多年轻学者在语言研究中急于求成，对语言事实的形式和语义都还没有研究清楚，就套用某些自认为合理的所谓"理论"，从而导致论证缺乏说服力，有如雾里看花，给读者故弄玄虚的感觉。因此，研究任何语言现象，都应当先将它的语义解释清楚，再去研究这个语言现象产生的原因是什么，熊威的研究理念便是如此。《现代汉语反义配置研究》深入浅出，条理清晰，首先讲清楚了"反义配置"的概念，然后对"反义配置"进行形式描写和语义解释，最后探寻"反义配置"的生成和理解的认知机制。先从语法的角度解释语言现象，再从认知角度分析语言现象产生的原因，是许多年轻学者值得学习的地方。我期盼他以此书的出版为契机，继续拓展、深化反义配置研究，为中国语言学发展贡献他的聪明才智。

是为序。

2019 年 8 月 7 日

于中南民族大学

前 言

“反义配置”是现代汉语中一种特殊的言语表达方式，是以新奇为特点的言语活动。本书立足于语言事实，以现代汉语语法常规体系为参照，借鉴语义学、语用学、修辞学、逻辑学以及认知语言学等相关学科的理论和方法，在邢福义“小三角”研究思路的框架下，对现代汉语反义配置现象进行全面的观察、细致的描写和深入的解释，力求揭示其内在规律及语言学意义。本书以短语级和小句级的反义配置为主要研究对象，共 8 章。

第一章绪论，介绍反义配置的研究背景，说明本书的基本内容和理论依据。

第二章界定“反义配置”的概念。在阐明反义关系的逻辑内涵的基础上，将逻辑层面的反义关系、词汇层面的反义关系和语用层面的反义关系进行比较，并对“反义配置”中的“反义”做出清晰的说明。我们将“反义配置”定义为：言语使用者出于某种目的，或为了达到某种语用效果，刻意将两个意义相反或相对的语言单位，配置在具有特定句法功能的关系位置上，形成语表上看似矛盾对立、语里上和谐统一的言语运用现象。本章在该定义的基础上提出了反义配置的判断方法，对反义配置进行了分类，并举例说明反义配置的特点和性质。

第三章分析主谓式反义配置的语表形式和语里意义。主谓式反义配置包括“X 是非 X”及其变式、“X 不是 X”及其变式、“X 的 Y，非 X”及其变式。本研究遵循一般到特殊的原则，在对主谓式反义配置进行形式描写和语义分析的同时，比较相似格式之间形式和意义的异同。我们认为，主谓式反义配置同时违背了形式逻辑规律中的矛盾律和同一律，同时又巧妙地利用了对这两种规律的违反，使语义具有辩证性。其中，“X 是非 X”及其变式、“X 的 Y，非 X”及其变式的语义蕴含着深刻的哲理，属于哲思型反义配置。“X 不是 X”及其变式具有丰富的语用意义，需要结合上下文语境加以推导。

第四章分析偏正式反义配置的语表形式和语里意义。偏正式反义配置包括定心式反义配置、状心式反义配置和心补式反义配置。其中，定心式反义配置是偏正式反义配置中形式变化最复杂、使用范围最广的一类，处于强势地位。定心式反义配置共有 3 类，分别是“非 X 的 X”“X（方）的非 X”“X 的 Y”。我们在此基础上将这 3 种类型进一步细分为若干格式，并分别对每一种格式进行比较和分析，总结相似格式之间形式和意义的异同。我们认为，定心式反义配置的语表形式多样，但语义能概括为 3 种，一是“事物的表象与实质相结合”；二是“事物之间对立特征相融合”；三是“限定事物部分特征”。

第五章分析联合式反义配置的语表形式和语里意义。联合式反义配置与主谓式、偏正式反义配置不同。联合式反义配置中，意义相反或相对的语言单位是按照一定逻辑顺序排列的，共有 7 种基本配置形式，分别是：“X 又非 X”“X 而非 X”“既 X 又非 X”“又 X 又非 X”“既 X 且非 X”“既 X 也非 X”“X 并非 X 着”。其中，“X 又非 X”“既 X 又非 X”“又 X 又非 X”“既 X 且非 X”“既 X 也非 X”“X 并非 X 着”这 6 种格式的逻辑基础都是转折，主观视点上转化为并列，于是语表上标示为并列。“X 而非 X”的逻辑基础是转折，主观视点上强化转折，于是语表上标示为转折。联合式反义配置的结构义可以总结为二，一是“对立的感受或状态的加合式并存”；二是“事物或规律的两个对立面的平行式并存”。联合式反义配置中，意义相反或相对的两个变项都属于同一个语义场，语义上有时强调后一个变项，有时两个变项的语义处于同等地位。

第六章集中考察反义配置的语用价值。我们认为反义配置是具有高度精简性的言语表达，它将言语容量凝聚起来，以简洁的形式表达丰富的内容。反义配置能营造并利用感觉的冲突，准确地表达内心感受，激发想象。言语表达者常常通过故意制造言语矛盾，使言语表达含义隽永，耐人寻味。反义配置中经常采用创新型的表达格局，能够起到加强节奏感、增强语势、传递额外信息的作用。

第七章采用“基于心理模型的语用推理”范式理论，从认知语用视角考察反义配置的生成和理解机制。本书指出，反义配置的生成和理解都牵涉到交际双方表现出的心理建模特征。反义配置的生成过程是言语发出者在相邻/相似认知规律的制约下寻找依存于自主的表达意图的适当表达形式的过程，这个表达形式是意向性作用的结果。反义配置的理解过程是言语接受者对言语发出者的话语含意的推导过程。由于反义配置所描述的事物在现实中找不到具体对象，因此在话语的理解过程中，同样会受到相邻/相似认知规律的引导，做出相关推理。

第八章是结语，总结本书的创新点，并提出反义配置中有待进一步研究的问题。

目　录

第一章　绪　　论

言语交际中，经常会出现“平凡的伟大”“痛苦并快乐着”“小大人”“不是问题的问题”等语用现象。从语表上看，这类语用现象有一个显著的特征，即它们都是由具有相反或相对立语义关系的词或短语构成的，从整体上理解这类语用现象，语义上的矛盾对立消失，局部的反义对立粘凝为和谐的整体。与其类似的语用现象古已有之，例如：“祸兮福之所倚，福兮祸之所伏”“上德不德，是以有德”“无独有偶”等。本书将这种看似矛盾对立，实则和谐隽永的言语运用现象称为“反义配置”。

从修辞角度看，“反义配置”是一种修辞现象。人们在交际中总是试图准确地运用语言以表达某种思想感情，主动对语言材料进行选择加工，从而达到预期最佳的表达效果。从语法角度看，这一语用方式在使用过程中展现出独有的、特殊的语法规律，有待进一步发掘。笔者发现，“反义配置”在词汇、短语、句子甚至句群中都有广泛的运用，还能运用于各种文体、语体中。可见这种语用现象并非孤立出现的，而是作为一种完整的、特定的规律普遍存在于语言系统中，有待我们探索。

“反义配置”并非汉语特有的现象。世界许多其他地区的语言中，普遍存在与“反义配置”相似的语用现象。例如，该现象在英语中被称为“oxymoron”（矛盾修饰法），如“tragicomedy（悲喜剧）”“familiar stranger（熟悉的陌生人）”“foolish wit（愚蠢的智者）”；在日语中被称为“どうちゃくごほう”（撞着语法），如“明るい闇（光明的黑暗）”“負けるが勝ち（失败就是胜利）”“甘き悲しみ（甜蜜的悲伤）”；在俄语中被称为“оксиморон”（逆喻），如“Старыймаьчик（老小孩）”“Сладкая боль（甜蜜的痛苦）”“Звуковое молчание（有声的沉寂）”。语言是思维的物质外壳，是人脑对客观世界的认识和反应。不同国家、不同民族之间，语用思维具有一定的相似性。

由此引发的问题是：现代汉语中，“反义配置”究竟是什么？哪些是反义配置现象，哪些不是反义配置现象？“反义配置”具有哪些语表、语里和语用特点？该现象产生的深层原因是什么？又是如何被人们理解而不至于产生误解？为了回答这些问题，我们需要对“反义配置”现象作出深入、全面、系统的考察研究。

说话人出于某种目的，往往主动追求言语表达的精准、贴切，有时甚至超越常规的表达界限，刻意偏离或违反标准的语言规则。例如，短语“平凡的伟大”中，“平凡”和“伟大”是一对反义词，是词汇学和语义学的研究范畴；形容词修饰形容词，违反了常规的词语搭配规律，是一种“超常搭配”，是语法研究的问题；从形式上看，违反了形式逻辑规律中的“矛盾律”。从语义上看，却是辩证统一的，这涉及语言逻辑问题；言语使用者如何在大脑中构想出“平凡的伟大”这样的言语表达式，却不至于使言语接受者产生误解，这涉及语言的认知规律。可见，“反义配置”现象不仅仅是一个修辞学的论题，还是词汇学、语法学、逻辑学以及认知科学的论题，涉及的范围很广。无论从语言理论还是语言实践看，对这一广泛使用的语用现象做系统、综合、全面的探索是十分必要的。

本书主要研究意义如下：第一，通过对反义配置现象细致的描写，使我们能够对该现象的常见句法形式和语义特点产生较为清晰的认识，提高人们的语言运用和理解能力，并为对外汉语教学实践提供参考。第二，通过对研究反义配置的语言表达，能够更多地了解该现象的性质和规律。提出“反义配置”的判断标准，能够为语言政策研究提供参考，也能为反义配置的相关研究打下基础。第三，通过研究反义配置现象生成和理解的认知机制，能为考察其他相关语用现象的认知规律提供参考，并进一步深化认知语言学理论。第四，反义配置研究涉及语言学、逻辑学、认知心理学等多个领域，综合性强，能为交叉学科的研究提供新的研究思路。

1.1 研究背景

反义配置是一种古老而又年轻的语言现象。说它古老，是因为该现象早已见之于先秦典籍之中；说它年轻，是因为针对该现象的专门研究始于20世纪20年代唐钺编写的《修辞格》一书。自那时起，学术界已从修辞格的角度对其进行了一些讨论。由于反义配置现象的涉及面较广，又十分复杂，反义配置研究虽在修辞领域取得了不少成果，尚且存在大量的语言事实亟待探索。通过整理各方研究，能够了解以往研究的重点、难点和不足之处，为进一步研究提供参考。

1.1.1 基于修辞的研究

"反义配置"最早是作为语言表达的"格手段"被修辞学者们发现，与之相关的修辞格大部分由各方学者自己命名，在辞格称谓方面并未达成统一。根据各方学者对相关辞格的定义能够发现，不少修辞格在外延和内涵方面与反义配置现象比较接近。这说明反义配置现象早已引起学术界的注意。

唐钺（1923）在论著《修辞格》中首次提出"反言格"，并定义为："一句话中，表面上好像含着两个相互矛盾的意思，但却有深意在内，这叫做反言格。"[①] 唐钺认为，反言格是将两个意思相反的语言单位放置在一起，使人在这不相容的话语中探寻其中的深意，子曰"正言若反"，便是指的这种用法。

陈望道（1976）在著作《修辞学发凡》中，将话面矛盾反常而意思还是连贯通顺的修辞手段，称为"奇说""妙语"（paradox）[②]，是"警策"格的一个小类。此外，还将一件事物上两种辞格两个观点的映衬称为"反映"。

傅道彬（1982）首次提出"反饰"，认为"反饰"是用两个意义对立的词或短语说明同一事物，使事物在矛盾中达到和谐统一[③]。冯广艺（1989）认为，在一句话或者较大的短语里，用一个词或短语修饰另一个词或短语，它们之间是矛盾对立的，且存在反义关系（oxymoron relation），这种修辞方式即是"反饰"[④]。

王希杰（1983）在专著《汉语修辞学》中提出"相反相成"，认为相反相成是发现和利用客观上的相反相成现象，或故意制造矛盾，有意识地偏离逻辑上的同一律，把通常相互对立、相互排斥的两个概念或判断，临时地、有条件地、巧妙地联系在一起，表达复杂的思想感情或意味深长的

---

① 唐钺. 修辞格 [M]. 上海：商务印书馆，1923：28.

② 陈望道. 修辞学发凡 [M]. 上海：上海教育出版社，1976：187.

③ 傅道彬. "反饰"初探 [J]. 四平师院学报（哲学社会科学版），1982 (2).

④ 冯广艺. 说"反饰" [J]. 中学语文，1989 (4).

哲理[①]。该定义说明“相反相成”具有两方面特点，一是将对立互斥的概念联系在一起，二是违反了形式逻辑中的矛盾律，对立、互斥的概念或判断在特定的条件下达到临时性的统一。

骆小所（1994）在专著《现代修辞学》中指出，“反饰”修辞格是为了表达的需要，用两个对立的词或短语描写同一事物，使事物在矛盾中达到和谐统一的修辞方式。他将反饰分为偏正式和联合式[②]。“相反相成”是为了揭示客观事物本身内在的矛盾，用似乎有些矛盾的表达方式，揭示事物的本质，或者矛盾双方相互依存，相互转化的修辞方式。“相反相成”分为两种，一种是矛盾双方能够相互转化的，另一种是一体中存在着对立两面的[③]。此外，还从结构形式和修饰效果两方面阐述了相反相成和反饰的区别。

“反饰”和“相反相成”的定义，为我们界定“反义配置”提供了部分思路。“反饰”出现在连贯的语流中，不存在停顿。意义相反的两个语言成分之间有偏正和联合两种组合形式，语言成分可以是词也可以是较大的短语。“相反相成”突出体现了意义相反的成分之间辩证统一的关系。

20世纪90年代起，“矛盾修辞格”受到汉语学界和外语学界的普遍关注。蒋有经（1991）在《模糊修辞浅说》中将矛盾修辞称为“矛盾词语的反常搭配”。胡曙中（1993）首先在专著《英汉修辞比较研究》中提出“矛盾修饰法”，认为矛盾修饰法是将反义词组织在同一个词组内，构成辞面上的矛盾，表面上看似离奇，实际上是利用同一事物中包含的相对立的两个因素交相辉映，以表达新颖的深刻含义[④]。

---

① 王希杰. 汉语修辞学［M］. 北京：商务印书馆，2004：375.

② 与骆小所先生一样，许多论著和词典陆续沿用了“反饰”这一称谓，经过不断的发展和完善，“反饰”逐渐成为相对独立的修辞格。唐松波、黄建霖主编的《汉语修辞格大辞典》（1989年版）将“反饰”定义为：由两个意义相反或相对的词组成一个偏正词组，一般用作标题或影（剧）名。认为反饰包容于对顶格中，不必独立一格。汪国胜等（1993）主编的《汉语辞格大全》将“反饰”单独列为一个辞格，并沿用了傅道彬（1982）的定义。倪宝元（1994）的《大学修辞》同样承袭了该称谓。谭学纯等主编的《汉语修辞格大辞典》（2010年版）将“反饰”定义为：在连贯性的语流中，用前后相继的语言符号，从意义对立的两个方面说明同一事物的一种修辞方式。

③ 骆小所. 现代修辞学［M］. 昆明：云南人民出版社，1994：202；211；214.

④ 胡曙中. 英汉修辞比较研究［M］. 上海：上海外语教育出版社，1993：367.

吴传飞（1995）使用义素分析符号标记矛盾修辞格，将矛盾格分为“［+A］而又［—A］”“［+A］的［—A］”“［+A］并［—A］”“［+A］也就是［—A］”“［—A］，但又/还/已经［+A］”五种主要格式①。例如“熟悉而又陌生”“富饶的贫困”“这宁静的夜，并不宁静”“受苦就是享乐”“普通，但又珍贵”等等。该文使用义素分析法，考察词语最小构成单位，并分析了矛盾修辞格中矛盾项的语义特点。

李晗蕾（2004）在其博士论文《辞格学新论》分析了“矛盾修辞法”，认为“反义”是辞格语义之间的相反关系，相反类比聚合中的“相反”是两个类比事物（项）之间的相反关系②。还对辞格的零度偏移系统进行了分类，在一定程度上反映了矛盾修辞法属于语义辞格系统中的一部分。语义辞格的本源体和修辞体之间的修辞关系是通过义素的修饰作用显现的，语义辞格的修辞关系就是义素之间的修饰关系。她将同异修辞格的义集描写为：［+前项，+后项，+可类比，+相反，+去异存同］；将矛盾修辞格的义集描写为：［+修饰语，+中心语，+可类比，+相反，+矛盾共现］。李文从广义义素的角度出发研究矛盾修辞格，对反义配置的界定有一定启发意义。

段曹林（2004）从言语单位的语义特点及其相互关系构成的角度研究修辞方法，并提出“语义修辞”概念。语义修辞有同义选择修辞、同义配置修辞、反义配置修辞、类义配置修辞和上下义配置修辞五个小类。其中“反义配置修辞”是“利用多个言语单位本身具有的或临时赋予的反义关系，形成并列关系或修饰关系，使同一事物的不同侧面或不同事物之间产生正反对照，从而产生相得益彰的效果”③。“反义配置修辞”是迄今为止最贴近“反义配置”的称谓，明确了反义配置修辞中的“反义关系”既可能是言语单位之间本身具有的，也可能临时赋予的。

黎千驹（2006）在《模糊修辞学导论》中对矛盾修辞作了进一步分析，并将其归为“精警”中的一个小类，即“把表面上相互矛盾的甲乙两事物并列在一起，从而形成某种哲理，发人深思的修辞方式”④。从形式

---

① 吴传飞．“矛盾”辞格的五种格式［J］．修辞学习，1995（2）．

② 李晗蕾．辞格学新论［M］．哈尔滨：黑龙江人民出版社，2004：78-157．

③ 段曹林．语义修辞概说［J］．柳州职业技术学院学报，2005（6）．

④ 黎千驹．模糊修辞学导论［M］．北京：光明日报出版社，2006：207．

逻辑角度看，出现了“自相矛盾”的逻辑错误，然而通过运用精警或抵牾构成述宾关系的语义超常组合，运用巧妙、耐人寻味。

刘颖（2011）在其博士论文中对矛盾格进行了重新界定，认为矛盾格是“利用两个矛盾项所指对象的同一或包含关系，将辞面冲突而辞里统一的语义单位组织到一起，通过语义冲突的构成和消解以强化表达效果的修辞方式”[①]。

宋艳秋（2012）从修辞结构、修辞理据、修辞功能三方面论述了矛盾表达式“A又非A”的显著特点，并进行细致的描写和语义分析。指出“A又非A”格式既是故意违反逻辑矛盾所形成的积极的表达方式，也是通过语义巧用形成的反义配置修辞。

反观国外关于“矛盾修辞格”的研究，“oxymoron”是最贴近反义配置现象的英语术语，oxymoron一词源于希腊语oxúmōron，是由词根oxú-（pointed；sharp；keen，意为“敏锐的”）和-mōron（foolish；dull；stupid，意为“愚钝的”）组成[②]，其自身就是希腊语的反义词缀的组合。“Oxymoron is a phrase combines two contradictory words to create a special meaning or idea.”[③] 该定义强调oxymoron是短语层面上的矛盾修辞。例如：“intimate stranger（亲密的陌生人）”“eloquent silence（有声的无声）”“living death（活死人）”等。Oxymoron在英语中是短语层面的修辞表达，其内部词项间的语义关系是“二元对立”（binary opposition）的，oxymoron中不全是反义词的组合，而是具有二元对立关系的词项之间的组合。例如“Juliet：Good night，good night！Parting is such sweet sorrow.（莎士比亚《罗密欧与朱丽叶》）”中，短语“sweet sorrow（甜蜜的伤心）”的词项间的语义关系并不是相反的，而是二元对立的关系。

Nash（1989）总结了oxymoron的几种搭配格式[④]：①名词＋名词，

---

① 刘颖．汉语矛盾格的多维关照［D］．合肥：安徽大学，2011：32.

② ONIONS C T. The Oxford Dictionary of English Etymology［M］. Oxford：Clarendon Press，1982：639.

③ RUSE C. HOPTON M. The Cassell Dictionary of Literary and Language Terms［M］. London：Cassell Publishers Ltd.，1992：207.

④ NASH W. Rhetoric：The Wit of Persuasion［M］. Oxford：Basil Blackwell Ltd.，1989：161.

例如：Filling in a tax return calls for absolute *honesty and cunning*. ②形容词＋形容词，例如：The cat lay on the sofa，looking all *drowsy and vivacious*. ③形容词＋名词，例如：His students performed feats of *inspired plagiarism*. ④副词＋形容词，例如：It was a brilliantly *boring lecture*. 这几种格式中，①②词项之间体现的是并列关系，③④词项之间体现的是修饰关系，oxymoron 中词项间的语义关系并非只有修饰关系（如③④中的例句），还有并列关系（如①②中的例句）。Leech & Short（1979）认为，词语的“并置”（juxtaposition）现象普遍存在于小说文体中，词语的并置在读者心中唤起一种“接近”（closeness）和“相连”（connectedness）的印象。Wales（1989）认为，将显然矛盾的词语“并置”（juxtaposition）能够引起诙谐或引人注目的效果。

潘红（1997）认为，oxymoron 的语用功能有四，即：揭示事物之间的矛盾性、表达强烈的主观态度及情感意义、反映主观意愿与实际效果之间的差距、揭示事物表面与本质的反差[①]。

英语的 oxymoron 与现代汉语反义配置现象在形式上有相似之处，oxymoron 是短语层面的组合，反义配置中也有短语层面的组合。通过 oxymoron 中词汇之间所体现的“二元对立”思想以及中英修辞语言的比较，有助于我们更深刻地理解反义配置现象的语义关系，为反义配置现象的界定提供了有价值的参考。

反义配置作为一种修辞现象，鲜有学者将“反义配置”作为一个独立的概念提出。修辞是为提高语言表达作用服务的，反义配置是为追求某些特定的表达目的产生的特殊的语用现象。从修辞角度看，修辞是追求特定表达效果的手段，许多修辞手法仅仅抓住了反义配置的部分特征而无法反映反义配置的全貌。例如“反言”“奇说”“妙语”“精警”仅反映了该现象意蕴深厚、富于哲理的特点，“反饰”“相反相成”则更多地强调该现象的构成方式、组合特点、逻辑规律。“矛盾修辞格”研究最为成熟，其概念、形式、逻辑等方面研究较为完善。“矛盾”和“反义”在逻辑方面存在许多相似之处，反义关系虽是矛盾关系中最重要的关系，但“矛盾”和“反义”在内涵和外延方面尚有较多差异。

总之，国内外研究者从相关辞格的定义、内在逻辑、结构形式等角度

---

① 潘红．从语用角度看 Oxymoron [J]．外国语，1997（1）．

为反义配置现象中的部分内容进行了探索，完成了许多基础性的工作。

1.1.2 基于语法的研究

李向农（1985、1987）分析了现代汉语定心结构中形式与意义的脱节现象，指出定语和中心语分别肯定并否定同一个对象，或表现为定语直接或间接否定中心语的某个主要特征，定中两部分构成一个表面上违反逻辑矛盾律的组合①。如“不是节日的节日”“不是工程师的工程师”等类似于“不是A的A”结构。他认为，定语是从概念意义上说明其所指的事物，中心语是从非概念意义上暗示一种类比的意思，这种意思是通过肯定、否定混杂的形式表现出来的。他将这种形式和语义的脱节现象称为“混杂隐喻”（mixed metaphor），是隐逻辑辞格的表现之一②。戚盛伟（1992）在此基础上进一步指出“不是A的A”这类偏正短语在使用上的活跃趋势。“偏”项否定修饰“正”项，偏项的A与正项的A总有一项是指表象的，另一项指实质的。语义上矛盾对立的成因是由于对某种事物的表象的否定和对其实质的肯定③。

卫志强等（1996）曾对汉语中形似反义配置的句式进行了研究和测试。卫志强认为，有一类句子，表面上含有两个语义上矛盾对立的谓语，实际上却并不影响句子的理解。他将这类句子命名为“似矛盾句”，有“又A又B”和“又A又非A”两种并列格式，指出“无论语境存在与否，似矛盾句的语义理解它的两个不同的语义层面有关”④，还提出了七种理解方式，根据理解优先原则排列，有：

a. 部分对比：某些方面是A；另一些方面是B。

b. 全体对比：从一种观点看是A；从另一种观点看是B。

c. 正反：表面上看是A；实际上是B。

d. 转折：虽然是A；但是是B。

---

① 李向农. 现代汉语定心结构中形式与意义的脱节现象［J］. 安徽大学学报（哲学社会科学版），1985（4）.

② 李向农. 隐逻辑辞格与混杂隐喻［J］. 修辞学习，1987（4）.

③ 戚盛伟. “不是A的A”的语义［J］. 修辞学习，1992（4）.

④ 卫志强，黄月圆，何元建. 汉语中的似矛盾句［J］. 语言教学与研究，1996（3）.

e. 时间：有时是 A；有时是 B。

f. 假设或条件：如果……，是 A；如果……，是 B。

g. 比较：跟……比，是 A；跟……比，是 B。

卫文对“似矛盾句”的特点及理解方式的研究与测试，仅限定在矛盾并列成分作谓语的范围内，除此之外，“又 A 又 B”和“又 A 又非 A”这两种并列格式还可能作为一个整体充当其他的句法成分，因此该研究还能在原有基础上进一步扩展。

冯广艺（2000）在专著《汉语修辞论》中分析了“非 A 的 A”的结构和语义特点。将“非 A 的 A 结构”分为“‘非’类词与名词（或名词性成分）组合”“‘非’类词与动词（或动词性成分）组合”“‘非’类词与形容词（或形容词性成分）组合”三类，并指出说话人是通过表层语义的“矛盾”构成逻辑悖反，使语言表达深刻、幽默、诙谐。应学凤、王会（2009）阐释了“没有 N 的 N”结构的语法功能，并指出前一个 N 是原型范畴，后一个 N 是范畴的边缘成员。并提到“不是 N 的 N”“不 X 的 X”“毫无 N 的 N”等相似结构①。曾海清（2010）考察了“不是 N 的 N”结构，认为该结构在逻辑上违背了矛盾律，修辞上属于矛盾格的一种，可将该格式看作定中同语式。还指出造成这种结构形式相同但意义不同的原因有二，一是语义异化的结果，二是语言主观化的结果②。此外，冯广艺（2000）研究了变异性含“得”的述补结构，将述补结构从语义类型上分为相悖式、强粘式、摹绘式、巧夸式四类③。其中，举例分析了相悖式中补语和述语在语义上的矛盾不一致的特点，如：“狡猾得毫不狡猾”“美得不像个人”。这说明含“得”的述补结构中存在反义组合。冯广艺（2004）还在专著《变异修辞学》中，从语言变异角度对“矛盾表达变异”进行了分类研究，具体分为“A 而又非 A 式”“既 A 又非 A 式”“非 A 的 A 式”“A 的非 A 式”“A 非 A 式”“非 A 的 B，A 式（A 的 B，非 A 式）”“因为 A，所以非 A 式（因果复句）”“A，非 A 式（并列复句）”“A，但非 A

---

① 应学凤，王会．试论“没有 N 的 N”的结构和功能［J］．南昌大学学报（人文社会科学版），2006（9）．

② 曾海清．修辞结构“不是 N 的 N”考察［J］．广西社会科学，2010（10）．

③ 冯广艺．汉语修辞论［M］．武汉：华中师范大学出版社，2000：78．

式（转折复句）”，共 9 类[①]。从分类中可以看出，“矛盾表达变异”既有短语层面的，也有小句层面的，还有复句层面的。这为反义配置现象提供了部分分类依据。

李晋霞（2015）在专著《相似复句关系词语对比研究》中指出，“又……又……”是并列词组的标志，认为“又……又……”存在矛盾型并列，被连接的两项语义上具有对立关系[②]。例如：“这些日子，对牛文生说来，真是又痛苦又愉快的日子。”“人与自然的关系、人与人之间的关系是又相适应又不相适应的关系。”

总的来说，以语法为切入点的研究通常以形式或语义为纲，从反义配置现象的相关格式出发进行描写和解释，还从不同角度对语义进行了分析，这对我们研究反义配置现象的语法规律很有启发。

1.1.3 其他方面的研究

1.1.3.1 语用研究

语用研究通常是在矛盾修辞格研究的基础上解读矛盾格的会话含义。葛胜华（1995）、林曦然（2000）、窦小英（2009）等结合言外语境对矛盾格进行了考察，认为受话人借助语境，能够迅速且准确地理解说话人的语用意图。同时，部分学者试图从认知语言学角度解释矛盾格。如常规关系理论、图形——背景理论、概念整合理论都曾被用于解释矛盾格的运作机制。其中，概念整合理论使用最为广泛，对矛盾格的形成过程有较强解释力。张旭（2006）、韩大伟（2006）、孙坤（2007）、杨国栋（2008）等人在概念整合理论的指导下对矛盾格进行了研究，取得了不错的成果。我们认为，矛盾格与反义配置具有较多的相似之处，概念整合理论能够在一定程度上解释反义配置现象的生成过程。

刘大为（2001）在专著《比喻、近喻与自喻——辞格的认知性研究》中另辟蹊径，从语义学角度分析认知性辞格，阐释汉语辞格的认知关系和认知语义特征。本书从认知角度出发，将语义特征分为必有特征、可能特

---

① 冯广艺．变异修辞学［M］．武汉：湖北教育出版社，2004：165-176.

② 李晋霞．相似复句关系词语对比研究［M］．北京：中国社会科学出版社，2015：2-6.

征、不可能特征，认为认知性辞格的本质在于接纳不可能特征。还提出了满足共现要求的三种方式，即契合性共现、增补性共现和强制性共现[①]。刘著给予我们的启发在于，反义配置现象中意思相反的语言成分的共现方式的差异，使语义矛盾的消解方式也存在差异。

邵春（2012）认为矛盾修辞格的使用目的在于增强说话人的态度和含意，该修辞格在生活中找不到具体所指对象，是由于文字表达和话语意图存在距离，这种修辞语言可以通过“基于心理模型的语用推理”理论得到很好的解释[②]。该文着重分析了诸如“小大人”“老小孩”等紧缩型矛盾修辞的认知理解机理，为反义配置现象的认知研究提供了相关研究方法和理论参考。

1.1.3.2　语言逻辑研究

陈宗明（1979）在《现代汉语逻辑初探》中将汉语逻辑分为词句的逻辑篇和文本的逻辑篇，前者从词、命题和推理三方面论证了思维和语言的矛盾冲突；后者分析了论说文、记叙文和文学作品的语言逻辑。

崔荣昌（1987）的专著《逻辑矛盾与修辞矛盾》中将逻辑与辞格相结合，使形式逻辑规律与辞格联系起来，为我们考察反义配置的规律提供了逻辑学思路。

韦世林（2000）的《汉语——逻辑相应相异研究》将语言现象与逻辑现象结合，阐释了汉语语法中词法、句法、篇章、修辞与逻辑相应相异的规律，从逻辑的角度揭示了汉语语用的诸多问题。

邱云燕（2008）在文章《汉语矛盾修辞格的语义认知研究》中从述谓结构分析出发，将认知研究与语言逻辑研究相结合，把矛盾辞格按照相冲突的命题来源分为 6 类，分别是：相冲突的命题是主要命题、相冲突的命题都是降级命题、相冲突的命题都是从属命题、相冲突的命题一个是主要命题一个是从属命题、相冲突的命题一个是主要命题一个是降级命题、相冲突的命题一个是降级命题一个是从属命题。指出命题意义的冲突是矛盾修辞格语义冲突的根源。

---

① 刘大为. 比喻、近喻与自喻：辞格的认知性研究［M］. 上海：上海教育出版社，2001：19.

② 邵春. “小大人”和“老小孩”：基于心理模型的语用推理［J］. 外语教学，2012（9）.

张宗正（2004）从宏观角度深入论述了修辞思维能力。将修辞思维机制分为三个层面：思维取向层面、思维运作层面、思维形式层面。其中，思维形式又分为常规思维逻辑和变异思维逻辑。变异思维逻辑中，提出了概念、判断和推理等方面的若干变异规律。其中“变异思维逻辑”为反义配置思维逻辑规律的进一步研究提供了理论参考①。

1.1.4 存在的主要问题

以上综述了各方学者对反义配置相关问题进行的研究，反映了当前反义配置相关问题的部分成果，存在的主要问题有：

①反义配置现象被发现的时间较早，但长期以来未受到语言学界的足够重视，研究成果相对较少。以往研究成果中，主要研究视角集中在修辞格，而语法角度研究略显薄弱，这与修辞现象的研究传统有关。反义配置现象是一种修辞现象，研究出发点通常立足于特定的表达效果以及言语接受者的感受，因此研究成果更多地倾向于得出论述性、描写性、评论性的结论，各方学者对相似语言现象的感受各有不同，主观性较强。另外，反义关系的聚合问题（如反义词）得到了较为系统、全面的研究，而反义关系的组合问题在学术界并未引起足够的重视。

②从分类角度看，修辞研究和语法研究中的分类方式比较单一。有的从表层结构分类，有的从语义关系角度分类，还有的按照矛盾项之间的标记分类。这些分类往往存在一个问题，从以上任何一个角度进行分类，无法完全囊括这类语言运用现象所涉及的所有情况，容易出现遗漏。因此，我们需要从语法实质出发，探寻更科学、更系统的分类方法。

③从研究范围看，国内外学者研究反义配置相关的语言现象，大多从修辞格角度或结构形式角度出发对其进行描写和解释，切入点具有一定的局限性。已有的逻辑和认知相关的研究成果解释力度不够。

④从宏观层面讲，反义配置相关研究比较零散，学者们并未将其作为一个单独的语言现象进行系统考察，研究缺乏一定的深度和广度，未能准确把握反义配置现象的实质，缺乏整体思路，理论性和系统性需要进一步完善。反义配置现象涉及词汇、语法、语义、语用、修辞、逻辑、认知等

---

① 张宗正．理论修辞学：宏观视野下的大修辞［M］．北京：中国社会科学出版社，2004：217-314.

各个方面，涉及范围很广，语言事实有待进一步挖掘。

总之，不少学者虽意识到反义配置现象的研究价值，但从目前的研究成果看，该现象的研究尚处于初级阶段。尤其是反义配置的语法研究严重缺乏系统性，因此需要借鉴语言研究相关的研究手段和理论，对该现象进行全方位的探讨。

1.2 本书的基本内容和理论依据

1.2.1 基本内容

反义配置是言语使用者出于某种目的或为了实现某种表达效果，刻意将意思相反的言语成分配置在一起，是一种特殊的言语运用现象。由于语言自身具有生成性的特点，人们可以根据有限的语言符号和组合规则生成无限的句子。反义配置现象在汉语各级语法实体中普遍存在，语素、词、短语、小句、复句乃至句群中都存在反义配置现象，该现象涉及的范围很广。笔者对大量语料进行初步观察后发现，现代汉语中，“反义配置”在短语和小句中最常见、适用范围最广，研究短语级和小句级的反义配置是具有时效性的。因此，本书主要探讨短语级的反义配置和小句级的反义配置的语法、语义、语用和认知规律。

本书从“成分配置”角度出发，揭示“反义配置”这一特殊语言运用现象的客观规律。本研究的重点集中在语表、语里、语值三个方面，具体如下：

首先，本书力图给“反义配置”一个明确的界定。从“反义关系”的哲学内涵入手，在明确“反义配置”概念的基础上，进一步明确反义配置的外延及内涵，并对其微观特点和宏观性质做出解释。

其次，在邢福义“小三角”分析框架下，对反义配置的语表形式、语里意义和语用价值进行全面分析，先描写后解释，力求达到“三个充分”。对各个小类中的特点和差别进行归纳和比较，从语法、语义、语用等角度进行梳理，总结反义配置的相关规律。在结合传统语言学理论和分析方法的基础上，融入交叉学科的研究思想，加强解释力度。

最后，结合语用学、逻辑学、心理学的相关理论，考察反义配置现象的生成和理解机理，进一步丰富语言本体研究中交叉学科相关理论的运用。

1.2.2 理论依据

1.2.2.1 “小三角”理论

邢福义（1990）提出“现代汉语语法研究的两个‘三角’”，认为语法研究既需要进行静态分析，更应注重动态的比较分析，语法规律可以通过多角验证得到更好的揭示。“两个三角”分为大三角“普方古”（普通话、方言、古代近代汉语）和“小三角”（语表形式、语里意义、语用价值）。其中“小三角”主张表里互证、语值辨查，在表里之间寻找规律性的东西，以揭示有关事实的特定规律，并对研究的语法事实进行检验和考察，是“小三角”的核心。本书以现代汉语反义配置为研究对象，将“小三角”作为整体分析框架，对该现象的语法规律进行全方位多角度探析。

1.2.2.2 主观视点理论

“主观视点”理论是邢福义（1991）提出的重要理论。主观视点理论的核心思想是“言者的主观视点对句子的语义起主导作用，句子的语义反映了言者的主观视点”。李宇明（2001）指出，主观视点的主导作用适用于所有的语言现象，具有普遍的理论意义。不仅如此，主观视点理论还适用于各个层级的语言单位，能够强有力地解释汉语语法问题。反义配置现象在不同语境中的理解过程极大地受到言者主观视点的影响。反义配置这种具有创造性的语言运用现象离不开言语使用者对语言视点的控制和运用，因此该理论能较为全面地解释语言的动态特点。

1.2.2.3 “基于心理模型的语用推理”范式理论

“基于心理模型的语用推理”范式理论是徐盛桓（2007）提出的重要理论。该理论采用心理实在论的立场，将心理建模作为推理的基本形式，认为言语的生成和理解是一种语用推理的认知过程，包括大脑对客观世界的感知、记忆、组合、表征等心理过程。该理论近年来广泛运用于修辞格的认知研究，能有效地解释如比喻、双关、拟人等认知性辞格的生成和理解机制。反义配置现象的生成和理解机制能够在该理论框架中得到很好的解释。

1.3 本书的语料来源及符号说明

本书语料主要来源包括：

①纸质出版物。近 5 年期刊、杂志、报纸中查找的例句，前人论著中的典型例句。

②网络资源。在百度（www. baidu. com）的“高级搜索”中输入完整关键词获得的字段、政策性网站及新闻网站中的语句。

③语料库资源。国家语委现代汉语平衡语料库（http://www. cncorpus. org/index. aspx）；北京语言大学现代汉语语料库（下简称“北语语料库”，http://bcc. blcu. edu. cn/）；国家语言资源监测与研究中心动态流通语料库（http://dcc. blcu. edu. cn/main. action）；北京大学中国语言学研究中心现代汉语语料库（下简称“北大语料库”，http://ccl. pku. edu. cn:8080/ccl _ corpus/index. jsp?dir=xiandai）。

本书所用符号说明如下：X——变项；非 X——与“X”意义相反或相对的变项；NP——名词或名词短语；VP——动词或动词性短语；AP——形容词或形容词性短语。

第二章　反义配置概说

本章将阐释“反义配置”的外延和内涵，并对这一特殊的语言运用现象进行系统介绍。首先明确“反义配置”中的“反义”究竟是什么；然后对“反义配置”做出合理的界定并进一步阐述反义配置的甄别方法；接着在对“反义配置”进行综观性分类的基础上，明确本书的分类；最后诠释“反义配置”的特点及性质。

2.1　关于“反义”

语言单位之间存在多种语义关系，有同义、反义、类义、上下义等。“反义配置”是一种“关系配置”，反义配置中，语言单位之间是反义关系。我们首先需要明确反义关系究竟是指什么层面上的，因为“反义”不单是语言层面的，也是认知层面的，还是客观现实层面的，为了避免概念上的混淆，我们必须首先明确反义关系的范围。

2.1.1　反义关系的逻辑内涵

2.1.1.1　逻辑思维之“反”

提到“反义”，人们最先想到的是反义词，人们习惯从语言层面出发认识和描述事物，通常认为“反义”就是言语意义上的相反。从哲学意义上说，语言是人们表达思想的常用载体，是输入、存储、加工、输出、传递思维信息的物质载体，是思维的物质外壳。客观世界中的各个事物、各种现象之间存在这样或者那样的关系，反映到人脑中，概念之间也存在各种各样的关系。概念是反映事物本质属性的思维形式，我们通常所说的某个事物与另一个事物之间的关系是“相反的”，是指逻辑概念之间的“相反”。

在逻辑学中，逻辑概念之间相反的关系被称为“不相容关系”，它用来描述属于一个属概念中的两个在外延上没有任何部分的种概念之间的关系。不相容关系分为“矛盾关系”和“反对关系”。矛盾关系，是指如果两个概念之间的外延完全不同，并且它们的外延之和等于其属概念的外延，那么这两个概念之间的关系就是矛盾关系。例如“金属”与“非金属”、“有核国家”与“无核国家”，二者中间没有第三种情况存在。反对关系，是指如果两个概念之间的外延完全不同，并且它们的外延之和小于其属概念的外延，那么这两个概念之间的关系就是反对关系。例如“好”与“坏”“多”与“少”，二者中间还存在除二者之外的第三种或更多的情况。矛盾关系和反对关系构成了逻辑概念上的相反和相对，因此，反义关系从普通逻辑角度看，是“基于概念的”反义关系。

2.1.1.2 辩证思维之“反”

唯物辩证法认为，世间万物都处于既矛盾对立又和谐统一，具有既相生相克又相反相成的特点。人脑利用辩证思维认识事物，将辩证思维外化为语言表述，并与外部事物相融合，人类认识世界、改造世界的方法论才得以产生。《韩非子·六反》云：“夫欲利者必恶害，害者，利之反也……欲治者必恶乱，乱者，治之反也。”意思是说，想要获得利益的人必然厌恶祸害，祸害是与利益相反的，想要治理好国家的人必然厌恶动乱，动乱是安定的相反面。韩非子通过认识事物矛盾、相反的两个方面谈治国理念，是对立统一辩证思维规律的实践。《吕氏春秋》第二十五卷《似顺论》言：“事多似倒而顺，多似顺而倒。有知顺之为道、倒之为顺者，则可与言化矣。至长反短，至短反长，天之道也。”这句话的意思是，如果有人明白表面合理其实悖理，表面悖理其实合理的道理，就可以与他谈论事物的发展变化了。可见，对事物发展变化辩证性的认识，古已有之。

《现代汉语词典》中，“相反”一词是指事物的两个方面互相矛盾、互相排斥；“相反相成”是指相反的事物具有同一性。也就是说，矛盾的两个方面互相排斥又互相斗争，并在一定条件下联结起来，获得同一性。“对立面的同一，就是承认（发现）自然界的（也包括精神的和社会的）一切现象和过程具有矛盾着的、相互排斥的、对立的倾向。”[①] 毛泽东同

① 中共中央马克思恩格斯列宁斯大林著作编译局．列宁专题文集：论辩证唯物主义和历史唯物主义［M］．北京：人民出版社，2009：148.

志在《矛盾论》中同样指出："我们中国人常说的'相反相成'。就是说相反的东西有同一性。这句话是辩证法的，是违反形而上学的。'相反'就是说两个矛盾方面的互相排斥，或互相斗争。'相成'就是说在一定条件下两个矛盾方面互相联结起来，获得了同一性。而斗争性寓于同一性之中。没有斗争就没有统一性。"他在建立抗日民族"统一战线"采取的是"既斗争又联合"的政策。"斗争"和"联合"就是对立统一体，既然"斗争"就不可能"联合"，既然是"联合"，就不存在斗争，二者表面上相互对立，实际上是成同一整体的辩证关系。任何事物都是一个统一的整体，但是它又分裂成两个既相互联系、相互依赖，又相互排斥、相互对立的部分、方面和趋势①。辩证的矛盾对立是反义关系的哲学基础。

可见，反义关系是客观世界中相反或相对矛盾的概念在语言中的体现。反义关系由正反两个语义单位组成，二者互不相容、彼此排斥又互为存在②。在特定的情况下，具有反义关系的对立面之间能够相互促进，相互转化，形成统一体。语义单位包括附加语义、语素义、义素、义位、义丛、义句、言语作品义。反义关系既然由正反两个语义单位组成，那么从理论上讲，反义关系就不仅仅只表现在词汇层面，还能够表现在语素层面、短语层面和句子层面。例如"高"和"低"，"一塌糊涂"和"井然有序"，"祸兮福之所倚，福兮祸之所伏"，等等。不仅如此，反义关系还能跨语义单位产生，例如"暗"和"光明"、"顾忌"和"肆无忌惮"、"自谦"和"王婆卖瓜"、"俊"和"其貌不扬"。由此可见，语言单位之间的反义关系是义位层面的，而不是语表层面的。

2.1.2 反义词与反义关系

英语中，反义词（antonym）源于希腊语的"antonymi"，前缀"ant-"意为"相反"，"-noyima"意为"名称"，该词本意为"相反的名称"，逐渐引申为"矛盾、对立"之义。古代汉语中，《说文·又部》载："反，覆也。从又、厂"，"反"字的本义为"（将物体）翻转过来"，后来逐渐演变、引申为"颠倒、方向向背（与'正'相对）""（对立面）转换"等意义。现代大多数语言学词典和英语字典都这样定义反义词："A word which is opposite

① 艾思奇. 辩证唯物主义 历史唯物主义［M］. 北京：人民出版社，1979：77.

② 杰弗里·N. 利奇. 语义学［M］. 上海：上海外语教育出版社，1999：47.

in meaning to another word.”汉语中则定义为：“意义相反的一组词，如‘高’和‘低’、‘好’和‘坏’、‘成功’和‘失败’。”[①] 可见，古今中外对反义词概念的通俗的理解大体相同。

语义学中，反义词之间的意义关系，也就是词汇间的反义关系，通常是研究的重点。戴维·克里斯特尔编著的《现代语言学词典》中，将“antonym（y）”（反义词/反义关系）解释为“语义学中研究意义对立关系的术语。统指各种类型的语义对立。可以从不同的角度分小类，如区分为程度反义词（graded antonyms）和非程度反义词（ungraded antonyms）”[②]。语言学家John Lyons（1977）认为程度上相反的词才是反义词，即可分级性反义词（gradable antonyms）才是反义词（antonyms），否则称为“相反词”。布斯曼的《语言学词典》中认为“antonymi”（反义/反义性/反义关系）表示“意义相反的语义关系”[③]，并将它与兼容性做出区分，认为“反义关系仅仅限于比较等级的词语，通常涉及一个属性的两个相反面（例如好和坏），具体语义在其间的位置需要依赖语境决定，因为一只大老鼠毕竟比一头小象要小”。这两本词典释义中均强调了语义的对立，前者侧重于反义词（反义关系）的分类，后者侧重于关系性质的区分，并强调反义关系的语境依赖性。

近半个世纪以来，反义词的区分问题在学术界颇具争议。国内外研究者各执一词，提出不同的分类标准，现总结如下：

①二分说：

石安石、詹人凤（1994）将反义关系分为性对立关系（polar opposition）和互补对立关系（complementary）两类。符淮青（2004）的《现代汉语词汇》将反义词分为矛盾关系和反对关系两类。《现代汉语知识》中将反义词分为绝对反义词和相对反义词，即两个反义词之间不存在第三种或更多的意义，否则是绝对反义词，其他均为相对反义词。

②三分说：

John Lyons（1968）在 *Introduction to Theoretical Linguistics* 中将

---

① 中国社会科学院语言研究所词典编辑室. 现代汉语词典 [M]. 6版. 北京：商务印书馆，2012：361.

② 戴维·克里斯特尔. 现代语言学词典 [M]. 北京：商务印书馆，2000：21.

③ 哈杜默德·布斯曼. 语言学词典 [M]. 北京：商务印书馆，2007：35.

语义对立关系（oppositeness of meaning）分为 complementarity（互补）、antonymy（反义）、converseness（反向）三大类。束定芳在《现代语义学》中将反义关系分为三类：可分级反义词（gradable antonyms）、互补反义词（complementarity）和关系反义词（relational opposites）[①]。胡壮麟（2001）在《语言学教程》中把反义关系同样分为三类：等级反义关系、互补反义关系、反向反义关系。

③四分说：

John Lyons（1977）在之前的对立关系“三分说”的基础上加入了方向性对立关系（directional opposition），将其完善为 complementarity（互补）、antonymy（反义）、converseness（反向）、directional opposition（方向性对立）的四分说。郭聿楷、何英玉（2001）将反义词的对立关系分为两极对立（contrary）、互补对立（complementary）、矢量对立（vectorial）和相关对立（relational）四种。张斌（2002）在《新编现代汉语》中将反义词分为互补反义词、相对反义词、依存反义词以及对称反义词。

④五分说：

宋振芹（2003）在其论文《反义词分类的语义学研究》中，从语义学的角度，将反义词分为互补性反义词、多重性反义词、可分级性反义词、反题性反义词和指向性反义词五大类[②]。

⑤六分说：

利奇在《语义学》中将对立关系分为：二项分类、多项分类、极性对立、关系对立、等级对立、倒置对立。

反义词究竟应当如何分类，学术界尚无定论。以上各种分类中，实际上存在类别的多种交叉，在一定程度上存在对应，例如：宋振芹的“五分说”中除了多重性反义词，其余与 John Lyons 四分说的观点几乎一一对应，前者比后者的类别划分更加细致。无论从哪种角度分类，分类是多还是少，都让我们从不同角度审视了反义类聚，展示了反义类聚的复杂性。研究者可以根据自身的研究需要，选择确定自己的分类标准。

---

① 束定芳. 现代语义学［M］. 上海：上海外语教育出版社，2000：78.

② 宋振芹. 反义词分类的语义学研究［J］. 南京邮电大学学报（社会科学版），2003（1）.

反义词是客观世界中具有矛盾对立关系的事物在语言中的表征，体现为语言词汇意义的相反，也就是反义关系。“反义关系在很早以前就被人们认为是最重要的语义关系。”① (Lyons 1968)。然而并非一切事物都能通过语言中相反的语义关系表现出来，有许多事物在客观世界中处于矛盾对立的状态，例如，鹰和兔子、猫和老鼠，在客观世界中处于对立面，反映在语言中就是“鹰”和“兔”、“猫”和“鼠”，看起来它们应该是反义词，可是语言自身无法将此类对立现象表征出来。可见，现象或事物之间的矛盾对立，有时难以在语言表达中得以体现，这是人类对客观世界认知与言语表达之间的矛盾和错位。

我们从 J. Trier 的语义场理论出发，语义场是一个纵横交错的语义关系网。语义场中的词语之间存在纵向及横向两种聚合关系，反义关系是横聚合关系。具体表现在反义词反映两个词语（a，b）之间的对称关系，如果 a 是 b 的反义词，那么 b 也是 a 的反义词，二者互为“反义词对”或“反义词聚”。反义关系既是语言的，也是言语的。语言是指语言系统，言语是指言语活动和言语作品。语言系统自身由语音、语义、语汇和语法这四个子系统组成。从语言角度看，反义词与反义词之间相互对应形成反义词对，是语言内部反义关系的系统性的体现。从言语角度看，人们在运用语汇材料和语法规则进行交流时，反义关系的运用不可或缺，在很多情况下受语言环境的影响。周恩来曾在《当前文字改革的任务》中指出，“希望大家积极支持文字改革工作，促进这一工作而不要‘促退’这一工作”，其中的“促退”与“促进”相对，是临时创造的言语反义词。可见，词汇层面的反义关系既可以是固定的，也可以是临时或偶发的。

词汇关系层面，“反义关系”（antonymy）这个术语有广义和狭义之分。从广义上讲，反义关系包括任何二元对立（binary opposition）的词汇（Murphy 2006；Paradis & Willners 2011）。狭义上讲，只限于意义相反（contrary）的词汇，如 long-short、easy-difficult 等，不包括“反向关系词”（converses）（如 sell-buy）和“互补词”（complementaries）（如 dead-alive）（Lyons 1977；Cruse 1986）。广义的反义关系是基于词汇概念之间的联系，狭义的反义关系则侧重于词汇形式的联系。学术界已经证

① LYONS J. Introduction to Theoretical Linguistics [M]. Cambridge: Cambridge University Press，1968：460.

明，反义关系的实质是基于概念之间的联系，而不完全是词汇形式的联系（Paradis et al 2009）。反义词范畴与原型范畴的特点相同，反义词对中，最典型的、固化程度最深的范畴成员处于范畴中心，其他词对固化程度依次向范畴边缘扩散。在不同的语境中，同一个词会有不同的反义词。反义词的概念联系促成了词汇上的反义关系。Paradis & Willners（2011）还证明了反义关系是基于各种认知识解方式形成的概念空间中的二元对立关系①。二元对立关系从认知和语用的角度构建了一种认知思维模式，也对人类思考广义反义关系的概念提供了佐证。

邢福义（2002）认为，“意义相反或相对的词语之间的关系是反义关系，具有反义关系的一组词是反义词”②。邢先生从义素分析角度强调词语之间的反义关系是以义项为单位的，一个词语的不同义项能与不同的词构成不同的反义词。如果一对反义词中存在部分语义成分（一般义素）相同或相近，区别性义素相反或者相对，并且语义范畴相同，借此表达矛盾对立的两个方面，就要求词语之间的反义关系必须是以共同的论域为前提（邢福义 2002，赵克勤 1994）③。

前文例举的“鹰”和“兔”、“猫”和“鼠”之所以不是反义词，是因为没有特定语境可供依托，无法从其概念意义中提取论域。Leech（1983）曾举例“女人的反义词是什么？男人还是女孩？”大多数人回答“男人”，其实两个都是，前者的论域是性别，后者的论域是年龄。“亡国论者看敌人如神物，看自己如草芥”，其中“神物”与“草芥”临时构成意义的相反或相对，产生了修辞效果。二者从词典意义上看，不是反义词，是在特定语境中的构成的临时反义词。从言语层面上看，二者互为“言语反义词”。同理，“宁为玉碎，不为瓦全”中“玉”和“瓦”也是临时反义关系下的“临时反义词”。再如，加上否定类词缀的“漂亮”和“不漂亮”、 “问题”和“没问题”，彼此之间是不是反义词呢？张弓（1979）认为，从意义上讲，否定后的概念没有新的内容；从形式上讲，

① PARADIS C，WILLNERS C. Antonymy：From Convention to Meaning-making［J］. Review of Cognitive Linguistics，2011（2）.

② 邢福义，吴振国. 语言学概论［M］. 武汉：华中师范大学出版社，2002：114.

③ 赵克勤. 古代汉语词汇学［M］. 北京：商务印书馆，1994：68.

前者是词，后者是短语，短语的含义与词的含义不能构成反义关系[①]。张弓认为它们不能构成反义关系，是基于反义词汇关系角度考虑的，反义词严格要求二者词性和字数必须相同，因此不是反义词。但从语义关系角度看，词和短语之间仍然是反义关系。因此，加上否定类词缀的语言单位与其自身之间的语义关系也是反义关系。如“平凡”和“不凡”、“好意思”和“不好意思”、“落俗套”和“不落俗套”，等等。

综上，从词汇角度看，反义词有两种，一种是“语言反义词”，另一种是“言语反义词”。前者是基于词汇的词典意义或概念意义的，后者是在特定语境中临时使用的。反义词反映了词汇层面的反义聚合关系，词语与词语之间在特殊的语境中能产生临时的反义关系。由临时反义关系构成的词对不是严格意义上的反义词，而是“言语反义词”。语言单位之间的反义关系是基于语义层面的，而非词汇层面的反义关系。

2.1.3　反义配置之“反义”

根据前文论述，现代汉语中的反义关系通常指“语义不相容关系”(semantic incompatibility)。“不相容”的实质是语义单位的逻辑概念之间的不相容。国内外研究者通常从词汇层面，将反义关系分为广义的反义关系和狭义的反义关系。本书从语言运用层面，将现代汉语的反义关系分为“广义反义关系”和“狭义反义关系”。“狭义反义关系”仅指词汇之间的语义不相容。“广义反义关系”是指一切条件下产生的语义不相容关系，既可以是概念意义的不相容，也可以是临时意义的不相容，既可以是语言的，也可以是言语的。“反义配置”中的“反义”是指“广义反义关系”，或者说是“语用层面的反义关系”。在语言运用过程中，或在特定的语境中，语言单位之间存在固定的或者临时的语义不相容，那么这两个语言单位之间的关系即是反义关系。例如：“得志一条龙，失志一条虫”中的“龙”和“虫”，“你走你的阳关道，我走我的独木桥”中的“阳关道”和“独木桥”，“边先生记性不大、忘性不小，才昨夜的事咋就忘了呢?”中的“记性”和“忘性”，都是指“反义配置”中的“反义”。

---

① 张弓．现代汉语反义词探讨［J］．河北大学学报（哲学社会科学版），1979(4)．

从语用层面的反义关系出发，本书的反义关系采用“三分法”。

（一）绝对反义关系

即语义关系的绝对“相反”（contradiction）。在某个论域中，非此即彼，不存在中间状态。从逻辑上讲，是互不相容、相互排斥并否定的。例如：“男”与“女”在“性别”域中，非男即女，非女即男；“及格”与“不及格”在“成绩”域中，要么及格，要么不及格，不存在中间情况；绝对反义关系可以分为两个次小类：①有否定成分的绝对反义关系。例如：“幸运”和“不幸/不幸运”，“规则”和“不规则”。②没有否定成分的绝对反义关系。例如“胜利”和“失败”，“真”和“假”。

（二）相对反义关系

即语义关系是“相对”（contrariety）的。在某个论域中，从论域的一端到另一端，是连续渐变的，存在中间状态。例如，“冷”和“热”、“多”和“少”、“胖”和“瘦”中，存在“不冷不热（凉、温）”“不多不少”“丰满/不胖不瘦”这样的中间状态。需要说明的是，无论绝对的反义关系还是相对的反义关系，都是主观上的认识。例如“男”和“女”的绝对反义关系是就一般情况而言，因为不排除两性人和偏性人的存在；“赢”和“输”一般情况下用于描述零和博弈的结果，非赢即输，非输即赢，偶然情况下可能既不赢也不输，和局。因此，主观上认为是绝对的反义关系，客观上可能是相对的反义关系。

（三）对立反义关系

又称为“反对关系”，即同一属概念下的两个在外延上相互排斥，而其外延之和小于属概念外延的概念之间的关系。两个概念之间互不相容，且不互为存在的前提。另外，也还包括临时的对立。例如“白”与“黑”是“颜色”的种概念，因此是对立反义关系。语义关系上表现为心理、文化或色彩等意义相反。例如，“水”与“火”、“邪”与“正”从文化心理层面看，是相互对立的。汉朝王符的《潜夫论·慎微》云：“且夫邪之与正，犹水与火，不同原，不得并盛。”“冬天”与“春天”从心理意义方面看，实质是“寒冷”与“温暖”的对立；“黑道”和“白道”将色彩本身赋予了对立的心理意义，实质是“合法”与“非法”的对立。

另外，有的反义关系词语表示相反或者相对的方向，称为“反向词”（沈家煊 1999）。“反向关系”（converseness）是对立关系的一种，这一类型的对立关系特别用来定义社会关系、空间关系及其他关系，关系双方存在意义上的对称和依存，即反向关系对中的一个成员预设另一个成员而存在。主要涉及方位词、趋向动词、一般动词和一般名词的一部分。例如：

方位词："左—右""前—后""上—下""里—外"

趋向动词："来—去""上—下""上来—下去""下来—上去"

一般动词："进—出""穿—脱""装—卸""加—减""开—关""买—卖"

一般名词："父母—子女""雇主—雇员""教师—学生"

以上互为反向关系的词语，由于既不存在矛盾对立的逻辑基础，也不存在程度差别。因此我们认为"反向关系"不是反义配置之"反义"。

确定一个语言单位与另一个语言单位是否具有反义关系，必须满足两个条件，一是两个语言单位在语义上相反，逻辑上存在相互排斥和否定。二是两个语言单位各自的语义成分只在某一个方面相反，其他方面必须保持一致。例如"母"和"子"、"父"和"女"，同时存在性别和辈分两个维度，造成了两个方面的相反。因此，语言单位之间必须有且只能在一个语义成分上相反，否则就是多中心，不能构成反义关系。

综上，反义配置之"反义"指的是语用层面的反义关系，即在语言运用过程中，言语使用者出于言语交际的需要，为增强表达效果故意制造语言单位之间的反义关系，反义关系既可能是常用的，也可能是临时的。

2.2　关于反义配置

本节将对反义配置进行界定，明确反义配置的判断方法。从不同角度划分反义配置的类型，并分析反义配置的特点和性质。

2.2.1　反义配置的界定

"反义配置"始于段曹林（2005）在《语义修辞概说》一文中提出了"语义修辞"概念，认为"语义修辞"是"利用特定言语单位在意义方面的特点以及不同言语单位之间的意义关系所构成的修辞手段和技巧，是修辞方法的重要类别"[①]。他从语言单位的语义构成和特点的角度探讨修辞方法，将语义修辞分为同义选择修辞、同义配置修辞、反义配置修辞、类

① 段曹林．语义修辞概说［J］．柳州职业技术学院学报，2005（6）．

义配置修辞和上下义配置修辞五类。段文从宏观角度解释了语义修辞的外延和内涵，并未做系统研究。但可以肯定的是，“反义配置”是一种修辞性的语言运用手段。

索绪尔认为，语言系统是建立在两种基本关系即聚合关系和组合关系之上[①]。组合关系是语言单位与语言单位前后连缀起来形成的，从语法上讲，组合关系就是各种结构成分之间的关系[②]。组合关系具有线性的特点，语言单位是前后相继出现的，在语言系统中表现为语言单位之间潜在的结合能力。因此，每个语言单位都处在既能够被其他语言单位替换（即聚合关系），又能与其他单位相结合（即组合关系）。不同的语言单位能够形成相同的组合关系，例如：“我叫王毛”与“他是李雷”，各对应的语法位置上的成分都不同，但组合关系是相同的。但同样的组成成分，也能形成不同的组合关系，例如“海”和“南”，可构成“海南”和“南海”两个不同的组合。组合关系反映了语言单位之间配备布置的规律，因此又被称为“配置关系”。

汉语研究中，我们通常使用“搭配”这个概念来表现语言单位在上下文中的组合能力。“搭配”（collocation）的概念源于 Firth 在文章 *Modes of Meaning* 中提出的：“词语的搭配是它习惯性的或通常性位置的表现。”《现代语言学词典》中，“搭配”的释义是“用于词汇学，指个别词项之间习惯性的同现。……搭配是词汇的一种组合关系。这种关系在语言学上多多少少可以预测”。“习惯性同现”和“可预测性”是搭配的两个特征。“同

---

① 根据索绪尔的二分法，他将语言符号分为聚合关系（paradigmatic relation）和组合关系（syntagmatic relation）。直观含义如下：

```
        ← 组合关系 →
王毛——吃——饭      ↑
            鸡    聚合
            鱼    关系
           番茄    ↓
```

Firth 所说的“搭配”同样是基于词语的组合关系，搭配的意义由词汇组合成的整体意义而确定。也就是说，是由搭配结构确定的。

② 戚雨村，董达武，许以理，等. 语言学百科词典［M］. 上海：上海辞书出版社，1993：369；572.

现”是形式的同现，而非语义的同现。国内研究中，对语言学概念“搭配”的理解，虽然存在部分差异，但大体是相同的。范晓等（2003）认为“搭配”就是“组合”，短语和句子总是通过词语的搭配（组合）实现的，词语的组合必须符合语义的选择限制。例如，我们可以说“走路”“走钢丝”，但不能说“走凳”“走桌”。王希杰（1995）、王霞（2005）认为搭配是词与词之间的组合关系。国内外学者在相关研究中，通常认为“搭配”是词语与词语之间的组合，即“词语搭配”。搭配体现词语之间组合关系的能力。语素与语素搭配成词、词与词搭配成短语。

综上，“组合”“搭配”“配置”都可用来描述语言成分之间的关系。“组合（关系）”一般将言语视为以线性次序排列的组构成分的语言符号，强调语言的序列特性，语言成分的组合必须符合语法规则。“搭配”一般用来阐释词语之间的组合关系，强调组合关系的紧密程度和规范性问题，即组合能力。“规范的搭配需要坚持逻辑和语义的规范标准”（冯广艺2000），但有时为了实现特定的交际需要，词语与词语之间的搭配符合语法规则，却又超出了语义内容和逻辑范围，成为“超常搭配”（冯广艺1993）。例如“水，激荡着人们的希望”（蒋子龙《戈壁水长流》）中，“激荡”和“希望”是超常搭配，也可以称为“超常组合”。

基于此，本书不使用“反义组合”或“反义搭配”的说法，而采用“反义配置”的说法，是因为“组合”和“搭配”一般用于描述词与词或短语与短语之间的相互关系。“配置”能用于描述更大的语言单位之间的关系，如小句、复句甚至是句群。汉语中，“配置”的意思是“配备布置”，顾名思义，能够更直观地体现语言成分在不同句法位置上配合使用产生的语义特点。再者，“配置”能够强调言语使用者为实现特定表达效果，从而刻意将两个具有反义关系的语言单位布置在一起，是言语使用者的主动行为。

语义配置，是指人们根据语言单位所体现的语义特点和相互关系，在不同的语言单位在同一句法位置上选择或在上下文的位置上配合使用的现象（段曹林2005）。语言单位之间的语义关系有同义、反义、类义、上下义，还应当包括通常的和临时的语义关系。因此，语义配置可以分为同义配置、反义配置、类义配置和上下义配置四类。“反义配置”作为一种“语义配置”现象，是在语言表达中的不同位置，配备、布置具有反义关系的不同语言单位，使它们形成特定组合关系的语言运用现象。

邢福义（1994）在《汉语语法学》中提出“成分配置”概念，是指构件语法单位进入句子，作为句子的组成部分，被配置在显示特定句法功能的关系位置上[①]。实际上就是小句构件的功能配置。句子具有配对性、层次性、扣合性、互易性。它们分别从不同角度反映汉语成分配置的特点。成分配置是从句子块状分割的角度看句子格局，了解构件单位入句后经过功能配置而形成的句子成分，从而了解句子整体与部分的布局。

我们将“语义配置”和“成分配置”这两个概念综合起来，“反义配置”既是语义层面的配置，也是句法层面的配置。结合前文的有关论述，我们将反义配置定义为：

> 言语使用者出于某种目的，或为了达到某种语用效果，刻意将两个意义相反或相对的语言单位，配置在具有特定句法功能的关系位置上，形成语表上看似矛盾对立，语里上和谐统一的言语运用现象。

2.2.2 反义配置的甄别

本节我们将结合反义配置的定义，举例论证哪些语言现象是反义配置，哪些不是，从而进一步加深对反义配置的认识。

反义配置中，形式上包含两个意思相反的语言单位，其整体意义并不是两个意义相反或相对的语言单位语义的简单加和，而是一个抽象的、带有强烈主观倾向的意义，是辩证性地综合两个角度表达对同一事物的态度和看法。从一个角度看，具备某种特点，从另一个角度看，又具备另外一种特点。这两种特点从形式上看是矛盾的，从语义上看是和谐的，二者是辩证统一的。矛盾对立，是反义配置的逻辑基础。

因此，判断一个完整的言语表述是否是反义配置，核心是判断意义相反或相对的两个语言单位之间是否具有矛盾对立的逻辑基础。

反义配置是言语使用者主动违反形式逻辑矛盾律的语用现象。矛盾律作为一种客观规律，受到一些条件的限制。矛盾律要求两个相矛盾或相反的判断不能同时为真，指的是对与同一个对象、在同一时间、同一关系下所做的判断而言。反义配置对矛盾律的违反必须符合这三个条件的限制，否则就不是反义配置。因此，判断反义配置中意义相反的两个语言单位之

---

① 邢福义. 汉语语法学［M］. 长春：东北师范大学出版社，1998：44.

间是否具有矛盾对立的逻辑基础，前提是矛盾律的运用必须符合“三个同一”原则。

陈昌来、李传军（2012）在《现代汉语类固定短语研究》一书中对类固定短语进行了系统的研究，认为类固定短语是有着强生成性格式、表意双层性、语音结构紧凑、四音节为主体的一类短语[①]。同时，建构了类固定短语型式—格式—语例的三级体系。5种型式总领300格式，300个格式统辖语例。这些格式中，存在众多反义语素构成的类固定的短语，设反义语素分别为X和Y，有“不X不Y”“没X没Y”“非X非Y”等。大多数含有反义语素的类固定短语在具体的语境中并不存在矛盾对立的逻辑基础。

包含反义语素的类固定短语大部分属于“反义词同现”现象[②]，如“X还是Y”（高还是矮）、“不X不Y”（不胖不瘦）、“从X到Y”（从无到有）、“不论XY”（不论大小）等，还包括一部分成语、谚语、歇后语等，如“悲欢离合”“表里如一”等。反义词同现现象是反义词在语言发展过程中逐渐固化的那一部分，只构成形式上的相反或相对，并不存在深层语义的对立。反义配置是言语使用者为了增强某种表达效果或出于某种使用目的，故意将意思相反或相对的语言成分强制粘合在同一级语法实体中形成的超越常规的表达方式，反义词同现现象中没有这种强制性。因此，反义词同现现象不是反义配置。

例如：

（1）嘴上这样说，却站着不动，等大枣核进去又出来，把一小卷票子塞进他的发黄的白布小衫兜兜里，他才哈腰道谢，退着往外走。（周立波《暴风骤雨》）

例（1）中，“进去”和“出来”是一对反义词，具有词汇层面的反义关系，“进去又出来”是“动作＋动作”的联合配置，所指对象“大枣核”的动作是连带顺承的，具有先后关系，违反了“同一时间”原则，因此并没有违反矛盾律。“进去”和“出来”是反向关系（converseness），并未

① 陈昌来，李传军．现代汉语类固定短语研究［M］．上海：学林出版社，2012：9．

② 毕懿晴．认知构式语法视角下的反义词同现现象［J］．湘潭大学学报（哲学社会科学版），2013（11）．

构成语用意义上的反义关系。因此本例中的“进去又出来”不是反义配置。

(2) 我选择回到东莞，主要是想最后感受一下曾经给我快乐和悲伤的城市。(韩宇《东莞不相信眼泪》)

(3) 他把他们那一代人的悲哀和快乐，渺小和崇高，经验和智慧，光荣和耻辱……还有其他一切的一切，全装进去了。(王蒙《深的湖》)

例 (2) 中，“快乐和悲伤”是“属性＋属性”的联合短语，“快乐”与“悲伤”是一对反义词，但并未构成语义上的矛盾对立，因此不是反义配置。例 (3) 同理。以上两个例子都属于反义词语的“并置”现象。

(4) 也许，这不是什么诗之吟唱，诗人们呀，都把春天疯狂地颂扬。(徐静亚《早春之歌》)

例 (4) 中，“疯狂”形容极其猖狂，含有贬义；“颂扬”是歌颂赞扬之意，是褒义词。二者组合在一起，语义相悖，存在矛盾，但并未出现逻辑层面的冲突，因此不是反义配置。

(5) 在我国政府及人民银行看来，虽然中国不会爆发大规模的金融动荡，但潜藏的金融风险仍不可轻视，防范和化解金融风险需要“睁着眼睛睡觉”。(北语语料库)

(6) 他们在饲养鱼、虾、螃蟹、乌龟等小动物时，常思考着这样一些问题：“小鱼为什么睁着眼睛睡觉?”“螃蟹为什么会吹泡泡?”(北语语料库)

例 (5) 中，睡觉必须闭眼，与“睁”构成语用层面的反义关系，是偏正式的反义配置。例 (6) 中，根据语境，其论域是“鱼类的睡觉方式”，鱼类“睁着眼睛睡觉”是客观事实，语表形式并不矛盾，因此本例不是反义配置。比较例 (5) 和例 (6) 中的画线部分，二者完全相同，前者是反义配置，后者不是。可见，判断某个言语表达是否是反义配置，需要根据具体语境提取论域。

(7) 是的，墙壁会用永恒的沉默告诉你很多道理。(张贤亮《绿化树》)

例 (7) 中，“沉默”意味着不说话，有［－发出声音］的语义特征，“告诉”是需要说给人听的，有［＋发出声音］的语义特征，二者是反义关系。“永恒的沉默”是方式状语，“告诉”是谓语，反义关系成分被分别配置在状语和谓语的位置上，是小句级的反义配置。

(8)《超越痛苦的幸福，或动物的生命哲学》(光明网 2016-07-24)

例（8）中，“痛苦的幸福”表面上看是反义配置，但事实上“痛苦”和“幸福”不在一个语义层级上，“超越痛苦”作为一个整体修饰“幸福”，此处不存在矛盾对立，因此不是反义配置。

(9) 十三岁的他已经长得像个小大人；他跟着他爹爹下田，插秧，拔草收割，打杂，他已经成为一个有用的角色。(唐海《臧大咬子传》)

例（9）中，“小”修饰“大人”，作者有意将年龄之“小”与行为能力之“大”配置在定心短语中，是反义配置短语。从词典的收录情况看，1996 年修订版的《现代汉语词典》未收录“小大人”，而 2012 年的第六版将其收录在内，释义为：名词；说话、行动像大人一样的小孩儿。2014 年第三版《现代汉语规范词典》中的释义为：言谈举止像大人一样的小孩儿。可见，“小大人”也是一个词，说明他不但是词语级的反义配置，也是短语级的反义配置。

甄别一种语用现象是否是反义配置现象，最重要的一点是言语表述中应当具有矛盾对立的逻辑基础。语表上看，矛盾对立；语里上看，和谐隽永。反义成分的并置现象，从形式上看是反义成分的同现，但在大部分情况下缺乏矛盾对立的逻辑基础。再者，反义配置的使用受言语环境制约，主观性强。各个级别的反义配置之间的界限有时并不十分明晰，存在一定程度的交叉，都应当根据实际情况做具体分析判断。

2.2.3 反义配置的类型

本小节我们从不同角度、不同层面介绍反义配置的主要类型，能使我们对反义配置现象的整体面貌有更直观的认识。

2.2.3.1 按配置级别分类

邢福义（1997）指出，汉语各级语法实体有七种，包括语素、词、短语、小句、复句、句群、句子语气。反义配置现象能出现在汉语的各级语法实体中。每一级语法实体的配置特点各有不同。根据反义成分的分布情况，我们将反义配置分为五类。

（一）词一级的反义配置

词语级的反义配置，是由反义语素组合而成的词汇，我们称之为“反义配置词”。反义配置词语中大部分是“反义语素合成词”，如“男女”“大小”“多少”等，其中涵盖了反义叠结结构，如“大大小小”“男男女女”“多多少少”等，还包括偏义复词“好歹”“利害”“哀乐”等。以上都是最常见的反义语素配置，已经固化成词。然而在某些情况下为了迎合特殊表达的需要，自由语素与自由语素临时组合成反义配置词。例如：

（10）吴风，满脸虬须，单眼皮，扁鼻子，那张嘴，厚唇四方脸，长得那副德性，姥姥不亲，舅舅不爱，偏是鬼人多作怪，穿得一身花花绿绿，不伦不类，不男不女。（上官鼎《迷剑飘香》）

（11）童姥沉脸道：“我说是你救了我性命，便是你救了我性命，姥姥生平说话，决不喜人反驳。姥姥所练的内功，确是叫做‘八荒六合唯我独尊功’。这功夫威力奇大，却有一个大大的不利之处，每三十年，我便要返老还童一次。”（金庸《天龙八部》）

（12）在超级繁华的北京，竟然有人节俭成性，每月仅靠几百元就能生活，更牛的是竟然还利用节约积攒的钱在最近成功买了房。不少网友看到这样的“神人”纷纷表示震惊以及佩服。（《北京晨报》2016-04-28）

例（10）中，“鬼人”中的“鬼”和“人”分别具有［—生命］和［+生命］的语义特征，是一组意义相反的语素，“鬼”是指吴风面目丑陋、穿着另类，不像个人。同时，“鬼”又与“人”配置在一起，构成临时的反义配置词“鬼人”。例（11）中，“童姥”中的“童”具有［+年龄小］的语义特征，“姥”具有［+年龄大］的语义特征，二者被配置在一起形成“童姥”，在文中专指具有女童外形的老年人。例（12）中，“神人”在《现代汉语词典》中有固定的义项，是指神仙、得道者或仪表不凡的人。此处的“神人”则是“神”和“人”这两个反义语素临时组合的反义配置词，表示这个人完成了一般人无法想象的事。

（二）短语级的反义配置

短语级的反义配置，是将一对具有反义关系的词或者短语配置成为一个的短语。我们称之为“反义配置短语”。反义配置短语的组合单位可以是词，也可以是短语，因此反义配置短语可能是一个较小的短语，也可能是一个较大的短语。我们按照组合单位的大小，将其分为三类：

1. 词与词的组合。例如：

（13）对于保守党领导人迈克尔·霍华德和自由民主党领导人查尔斯·肯尼迪来说，这样的结果也可以称为“胜利的失败”。（《厦门日报》2005-05-07）

(14) 每天来得最早的是雷厂长。雷厂长的行动就是一种无声的命令。(张宗正《理论修辞学》)

(15) 当我想知道我们全是人类生育繁衍大链环上的某个环节时，我内心充满甜蜜的忧伤，我想探究我的血流之源，我曾经纠缠着母亲打听先人的故事。(苏童《1934 年的逃亡》)

例 (13) 中，“胜利”和“失败”是反义词，二者组合成为反义配置短语。例 (14) 中，“无声”具有［－发出声音］的语义特征，“命令”一般具有［＋发出声音］的语义特征，二者组合成为反义配置短语。例 (15) 中，“甜蜜”和“忧伤”用来描述“我”的内心感受，二者意思相反，是反义配置短语。

2. 词与短语的组合。例如：

(16) 对于很多愚蠢的聪明人来说，他们在做一件事情前，所想、所算，都是从自己的角度出发，把希望寄托在一切都会按照自己的步调行进。(北语语料库)

(17) 一往无前的退缩。没有追求的爱情。没有爱情的幸福。(戴厚英《人啊，人》)

(18) 观念疗法战略上藐视敌人，战术上重视敌人绝非老生常谈，当你决定去追一个外国女人时，前面提到那些不是问题的问题都可能成为问题。(张结海《我愤怒》)

例 (16) 中，“愚蠢”是词，“聪明人”是短语。例 (17) 中，“一往无前”是短语，“退缩”是词。例 (18) 中，“不是问题”是短语，“问题”是词。

3. 短语与短语的组合。例如：

(19) 刘福子是个又讨人厌又讨人喜欢的人，什么话从他嘴里说出来都有滋有味。(张志民《再等待》)

(20) 我不能准确地描述我现在的心情，我整个人好像蹒跚在一个非常荒诞而又非常合理的梦中。(张贤亮《绿化树》)

(21) 因为爱过，所以不会成敌人；因为伤过，所以不会做朋友；只能是最熟悉的陌生人。(北大语料库)

例 (19) 中，“讨人厌”和“讨人喜欢”都是短语，意思相反，二者组合成为一个较大的联合短语，在句中作定语。例 (20) 中，“非常荒诞”

和“非常合理”都是短语。例（21）中，“最熟悉”和“陌生人”都是短语。

（三）小句级的反义配置

小句级的反义配置[①]，是指反义成分被分别配置在句子的主要成分上，形成句子内部成分出现矛盾对立的语言运用现象。意思相反或相对的语言成分既可以是词，也可以是短语。我们称之为“反义配置小句”。例如：

（22）我觉得照党的指示给群众办事，受苦就是享乐。（柳青《创业史》）

（23）那个本该无忧无虑的神仙却说，没有烦恼就是最大的烦恼，没有痛苦就是最大的痛苦。（邓曙光《西游真相》）

（24）我不由得对陪着我的少波感叹“这真是一个无政府主义的国家啊”，但“无政府”就是它的秩序。（王家新《我的希腊行》）

例（22）中，“受苦”和“享乐”意思相反，它们分别被配置在主语和谓语的位置上。例（23）中，包含两组意思相反的短语，“没有烦恼”和“最大的烦恼”，“没有痛苦”和“最大的痛苦”，它们分别被配置在小句的主语和谓语的位置上。例（24）中，“无政府”代表混乱、没有秩序，与“它的秩序”意思相反。二者被分别配置在主语和谓语的位置上。

（四）复句级的反义配置

复句级的反义配置，是指将一组意思相反的语言成分分别配置在一个复句的前后两个分句中。我们称之为“反义配置复句”。根据先后分句的逻辑关系，可将反义配置复句分为因果关系、转折关系、并列关系三类。

1. 因果类反义配置复句。例如：

（25）因为爱，所以恨。（李文宏《边走边爱》）

（26）唯有恋得短暂，才能爱得永恒。（李敖《然后就去远行》）

（27）正因为我爱你，所以我不能爱你。（张贤亮《男人的一半是女人》）

例（25），“爱”和“恨”被分别配置在前后两个分句中，是直接因果关系的反义配置复句。例（26），“短暂”和“永恒”被分别配置在前后两

---

① 本书的“小句”既是指单句，也指的是结构上相当于或大体上相当于单句的分句。

个分句中，是条件因果关系的反义配置复句。例（27），“爱你”和“不能爱”被分别配置在前后两个分句中，是直接因果关系的反义配置复句。

2. 转折类反义配置复句。例如：

（28）李家发死了，他并没有死，他的生命充满了这个世界。一枝花，一棵庄稼，一个生物，都有他活在里面。是他，是数不尽像他这样的人，给了我们今天这样的生活。（杨朔《万古青春》）

（29）爬呀！爬呀！她爬的是一条熟悉的道路，却也是一条陌生的道路。（肖玉《乌云密布》）

（30）他分明听见了，却不答理我，甚至脸上连一点轻蔑的表情也没有，而这又表示了最大的轻蔑。（张贤亮《绿化树》）

例（28），“死了”与“没有死”被分别配置在前后两个分句中，“李家发”不可能又死又没有死，前后语义相反，是转折关系的反义配置复句。例（29），“熟悉”和“陌生”被分别配置在前后两个分句中，“道路”不可能既是熟悉的又是陌生的，前后语义相反，是转折关系的反义配置复句。例（30），“一点轻蔑的表情都没有”和“表示了最大的轻蔑”被分别配置在前后两个分句中，语义相反，是转折关系的反义配置复句。

以上例句中，转折标记“并”“却”“而”突出显示了转折关系，强调所指事物兼具两种属性。有时，前后分句之间本来是并列关系，但前后分句语义相反，使之成为转折关系。例如：

（31）曹操这个人可以说是大家风范，小人嘴脸；英雄气概，儿女情怀；阎王脾气，菩萨心肠。（易中天《品三国》）

（32）一个英雄倒下了，千百个英雄站起来。（《当代日报》1950-09-23）

例（31），“大家风范”和“小人嘴脸”、“英雄气概”和“儿女情怀”、“阎王脾气”和“菩萨心肠”，三对反义成分被分别配置在前后两个分句中，揭示曹操性格的矛盾性。例（32），“倒下”和“站起”被分别配置在前后两个分句中，说明英雄的肉体虽然倒下了，但是英雄的可贵品质得以传扬和继承。

3. 并列类反义配置复句。例如：

（33）她坚忍于知识分子的良知与操守，她坚贞于伟大女性的关怀与慈爱，她固守于中国传统文化的淡泊与坚韧，杨绛的内心是坚硬的，又是柔软的。（陆云红《百年杨绛亦芳华》）

（34）一个人的“双簧”，又是红脸，又是白脸，也许正是当前某些干部的特点。（《人民日报》2001-10-18）

（35）北区一号楼，就是这样，无奇澜无壮美，但这里长满了故事，很真，回忆起来，暖心，也刺心。（周智琛《母校人事》）

（36）他这个人聪明透顶，又愚不可及；狡猾奸诈，又坦率真诚；豁达大度，又疑神疑鬼；宽宏大量，又心胸狭窄。（易中天《品三国》）

例（33），“坚硬”和“柔软”语义相反，被分别配置在前后两个分句中来说明杨绛的内心特点。例（34），“红脸”和“白脸”分别隐喻某些干部表面上看来正直，实际内心虚伪。例（35），“暖心”和“刺心”语义相反，用来描述回忆一号楼发生的故事给作者的内心感受。例（36）是一个多重复句，包含四组反义配置，描述曹操的性格特点。

并列类反义配置复句的逻辑特点，是意思相反的语言成分之间本来隐含转折关系，在关系标志“（既）……，又……”“……，也……”等的作用下，把隐含的转折关系转化成并列关系，形成了并列复句，强调被指事物的两种属性同时存在。也就是说，逻辑基础是转折，主观视点转化为并列，语表上标示为并列。

值得注意的是，复句级的反义配置也存在紧缩型的。例如：

（37）没钱也土豪，去全球消费最低的十大国家！（《潇湘晨报》2014-12-15）

（38）《美女也恐龙　范冰冰想要消灭的雷人照片》（半岛网 2009-04-05）

例（37），“土豪”代表“有钱人”，和“没钱”语义相悖，说明即使没有钱，也能像有钱人一样去其他国家消费，这是紧缩复句。例（38），“恐龙”代表“丑女”，和“美女”意思相反，说明即使是美女，也有被别人拍摄成丑女的照片，这是紧缩复句。这两个例句中都出现了表示让步转折的反义配置紧缩复句。

（五）句际级的反义配置

句际级的反义配置，是指将意思相反或相对的语言单位分别配置在不同的句子中，形成前后语义矛盾对立的现象。其特点是前后两个句子排列整齐，富于美感。例如：

（39）廖志弘，今天是你哭的日子，是我哭的日子；今天也是你笑的日子，我笑的日子。我们一起长歌当哭，一起仰天大笑吧！我们一起举杯庆贺，一起吟唱一首青春的诗歌吧！（范稳《吾血吾土》）

（40）这里有一切，这里没有我。但又像一切都没有，只有我。（丁玲《曼哈顿街头夜景》）

（41）最幸福的是你们在动，挥舞着手掌
最幸福的是你们一动不动
让风去寻求理解，让狂暴的风去追赶
一季的落叶，让风去找
它的家。（安歌《别出声——》）

（42）她说没路了，我们分开吧
他说好，没路了，我们分开吧
朝相反的方向各自走去。月光在周围
一会儿沉入地下，像海誓山盟那样重。
一会儿飘上天空，像海誓山盟那样轻。（文乾义《草原纪事》之《他们》）

（43）一粒沙很小
太阳能感应到他欢愉的心跳
一粒沙很大
会逼使眼睛关闭与世界的通道（铁夫《一粒沙》）

例（39），“哭”和“笑”意思相反，分别位于前后两个不同的句子中。例（40），前一个句子中的“有一切”对应后面的一个句子中的“一切都没有”，前一个句子中的“没有我”对应后面的一个句子中的“只有我”。例（41），前一个句子中的“动”对应后面的一个句子中的“一动不动”，意思相反。例（42），前一个句子中的“重”对应后面的一个句子中的“轻”，意思相反。例（43），前一个句子中的“小”对应后面的一个句子中的“大”，意思相反。

2.2.3.2　按语义关系分类

根据语言单位之间内部语义关系，我们可将反义配置分为8类：

①融合关系类，即反义配置中，两个语义成分难分主从，它们之间一般是并列的情况。例如“既悲又喜”“又爱又恨”。

②主从关系类，即反义配置中，其中一个语义成分是对另一个语义成分的描述、阐述、补充和限定，哪一个为主，哪一个为从，需要根据具体语境确定。例如：“富有的穷教授”“伟大的平凡”。

③方式关系类，即反义配置中，一个语义成分是另一个语义成分所表

示的内容或方式。例如："一本正经地胡说八道""背靠背地拥抱"。

④因果关系类，即反义配置中，一个语义成分是另一个语义成分所表示状态的原因。例如："爱的恨""建设性破坏"。

⑤修正关系类，即反义配置中，一个语义成分是对另一个语义成分的修正。例如："平凡的伟人""臭得香"。

⑥自反关系类，即反义配置中，一个语义成分是另一个语义成分的自否定。例如："不是问题的问题""没有选择的选择"。

⑦转折关系类，即反义配置中，两个对立的语义成分的概念之间存在隐含的转折关系。例如："诚实地说谎""既满意又不满意"。

⑧等同关系类，即反义配置中，两个意思相反的语义成分之间是等同的关系。例如："生就是死""结束就是开始""没有问题就是最大的问题"。

反义配置的语义关系复杂多样，上述归纳可能无法囊括所有的语义关系，部分关系类型之间可能存在重叠或界限不太明确的情况，因此需要进一步对其内部语义关系进行深入研究。值得注意的是，我们不能静态、孤立地分析反义配置短语的内部语义关系，需要结合具体语境进行分析判断。

2.2.3.3　本书的分类

邢福义（1998）在《汉语语法学》中提出"成分配置"概念，是指构件语法单位进入句子，作为句子的组成部分，被配置在显示特定句法功能的关系位置上，实际上就是小句构件的功能配置。他认为句子具有配对性、层次性、扣合性、互易性。它们分别从不同角度反映汉语成分配置的特点。成分配置是从句子块状分割的角度看句子格局，了解构件单位入句后经过功能配置而形成的句子成分，从而了解句子整体与部分的布局。

"小句是最小的具有表述性和独立性的语法单位（邢福义 1998）。"[①]小句在汉语各类各级语法实体所构成的语法系统中居于中枢地位，"成分配置"是小句构件的功能配置。从结构关系角度看，主谓关系、偏正关系、联合关系是反义配置较常选择的形式模式。

我们根据成分配置思路，按照句法结构关系将反义配置的第一级分类为主谓式反义配置、偏正式反义配置、联合式反义配置，其中偏正式反义配置包括定心式反义配置、状心式反义配置和心补式反义配置。第二级分

① 邢福义. 汉语语法学［M］. 长春：东北师范大学出版社，1998：44.

类在第一级分类的基础上，将反义配置现象按照形式标记划分为若干次类。

2.2.4　反义配置的特点

2.2.4.1　依赖语言环境

“分析者对语境了解得越多，就越能够预测可能会说什么。”[①] 语境（context）分为两种，一种是广义的语境，即包括时代背景、社会环境、情感背景、话题事实背景及交际的对象、范围、场所等条件，概念比较宽泛。狭义的语境，即指上下文，言语表达直接受到上下文的影响。本书讨论的语境指的是狭义的语境。制约和解释，是语境的两大基本功能。制约功能体现在对词句的内涵意义起着特定的制约作用，解释功能体现在语境对语言现象的解释和说明能力。语境能够约束或者确定语言中替代部分的指定意义，能补充解释并完善语言中的省略意义。反义配置现象伴随着部分语言要素的脱落，例如“富有的穷人”能够理解为“物质丰富，精神贫穷的人”，也能理解为“精神丰富，物质贫穷的人”。这一方面说明理解、分析反义配置的语义，化解语义中的矛盾，我们必须依赖语境的解释。另一方面，我们需要语境对语言表达加以限定，排除异议。例如：

(44) 当吴冠中的作品动辄拍卖几千万的时候，他却依然过着非常简朴的平民生活。人们称他是一个富有的穷人。他富有的不是金钱、物质，而是精神；而他贫穷的，却是奢华和欲望。(人民网 2015-05-15)

(45) 世纪坛医院是一所既古老又年轻的医院。说古老，有将近 100 年历史，明年就是建院 100 周年。说年轻，在市属医院中只有 10 年，是最年轻的医院。(人民网 2014-07-11)

例 (44) 中，“富有的穷人”在脱离语境的情况下，找不到所指对象，语义是不自足的。语境对吴冠中的“富有”和“贫穷”做出了充分的解释，可知“富有的穷人”是指“物质丰富，精神贫穷的人”。“富有的穷人”突出了吴冠中淡泊名利的高尚精神。例 (45) 中，“既古老又年轻的医院”在脱离语境的情况下，找不到所指对象，语义是不自足的。上下文语境对“既古老又年轻”这一说法做出了详细的解释，说明世纪坛医院同

---

① BROWN G, YULE G. Discourse Analysis [M]. Cambridge: Cambridge University Press, 1983.

时具有“古老”和“年轻”两方面特点，准确地概括了世纪坛医院的历史沿革。

反义配置现象的理解依赖语言环境，同时也是反义配置表达效果的客观检验。

2.2.4.2 主观色彩强烈

反义配置作为一种特殊的语用现象，是说话人为增强表达效果刻意使用的，其中必然包含说话人的主观情感，以期在使用过程中为了方便思想的交流，达成信息的有效传递。从理论上讲，反义配置现象的语言形式为了适应特定的语境，满足说话人的表达需要并充实听话人的理解信息，需要选择不同的视点和角度。根据邢福义（1991）提出的主观视点理论，我们认为，反义配置具有二重性，既反映主观视点，又反映客观实际。其中，主观视点起主导作用。反义配置的格式受主观视点的直接制约，受客观实际的间接制约。反义配置的格式一旦形成，就会受到矛盾对立语义关系的反制约，格式选用者的主观视点就会在该格式的语义关系中直接表现出来。例如：

（46）最熟悉的陌生人，曾经有很多个瞬间，他们是世界上最亲密的两个人，那样的过去，终究注定了他们没有办法粉饰太平地装作是朋友。（北大语料库）

时间和空间的主观性能够直接反映到言语表达中。例（46）中，“最熟悉的陌生人”，是对前任男/女朋友的描述。这个短语将“陌生”作为视角定位点，从时间上看，“陌生”的时间定位于现在，对应着属于过去时的“熟悉”；从空间上看，“陌生”说明俩人空间距离远，“熟悉”说明空间距离近。这些时空变化都是由作者的创作主观性引起的，主观视点是不断在动态中调整变换的，这是叙述前任男/女朋友的需要而产生的，从不同角度观察事物，才能更好地认识事物。从另一个角度看，“最熟悉的陌生人”是偏正结构，该结构本身对语义关系形成制约，修饰和被修饰关系能反过来体现出作者想表述的主观意图。反义配置能够通过不同的形式表现其所具有的主观色彩，我们将在接下来的章节中做详细的分析。

2.2.4.3 语义指向特殊

人们对客观世界的认知通常习惯于从不同角度、不同层面出发，而语言符号具有线条性，语言表达过程呈现为一种线性序列，语言认知与表达之间的矛盾能够通过语义指向分析得到解决。语义指向，是句法结构中句子成分之间的语义联系。陆俭明（2003）指出：“语义指向分析指明了句法成分之间，特别是间接句法成分之间语义上的联系，从而能够比较合理地解释句法结构和语义结构之间复杂的对应关系。”① 语义问题是反义配置的核心问题，反义配置的语义指向具有特殊性。

反义配置语义指向特殊，主要体现在互为反义关系的前后两个语义单位同时指向句中的某个本体②。例如：

(47) 眼前这个人我如何能不认识，正是大妃阿巴亥，那张脸可是经过我的精雕细琢才弄出来的，所以真是既熟悉又陌生，自从结婚以来有月余没见到她了。(开阳《不称职的兽医》)

(48) 当时重庆广为流传着蒋与某女如何如何的流言，早已是公开的秘密。(陈廷一《蒋氏家族全传》)

(49) 她多次打电话来，约我做节目，并派记者来陕拍摄场景资料，给我的孩子带来了玩具，送我白岩松签名题词的著作《痛并快乐着》、我大学老师何九盈先生的《中国语言学史》。(陆步轩《屠夫看世界》)

例（47）中，宾语“既熟悉又陌生”是对主语“那张脸”的陈述和说明。“陌生”指向“那张脸”，二者构成一组语义指向结构体。同时，“熟悉”也指向“那张脸”，二者也是医嘱语义指向结构体。据此，本句的语义指向结构体有两组：

语义指向结构体①：那张脸——熟悉

语义指向结构体②：那张脸——陌生

“熟悉”和“陌生”这一组相反的语义单位同时指向本体“那张脸”。“阿巴亥”是“我”的妻子，“那张脸”对“我”来说是熟悉的，因为有一个多月没见到她，再见到她时，感觉有些陌生。“熟悉”是指过去的“那张脸”，“陌生”是指现在的“那张脸”，因此，“那张脸”同时具有了“熟悉”和“陌生”两种属性。

例（48）中，“公开”是不加隐蔽的意思，“秘密”是指隐蔽不让人知道的事情。这里“公开的秘密”是指蒋介石有情人这件事原本是个秘密，但大家知道以后也没有明说。从这个角度看，其实是公开的。“公开”指向“秘密”，指向成分与被指成分之间存在语义矛盾。本例中只有一组语

---

① 陆俭明．现代汉语语法研究教程［M］．北京：北京大学出版社，2003：154.

② 本书将话题（分析对象）称为“指向成分”，说明部分（所指对象，即本体）称为“被指成分”，二者可以构成“语义指向结构体”。具体见税昌锡．语义指向结构模式的多维考察［J］．浙江大学学报，2004 (3).

义指向结构体：公开—秘密。

例（49）中，从句子的表层找不到“痛并快乐着”的所指对象，该反义配置的前后项都指向句外的某个对象，被指成分处于潜隐状态，属于“语义潜指”。

另外，反义配置的语义指向会随着形式的变化而发生改变，例如“平凡的伟人”，是偏正短语，“平凡”指向“伟人”，具有一组语义指向结构体。“平凡的伟人”还能够替换为“既平凡又伟大的人”，“既平凡又伟大”是联合短语，“平凡”和“伟大”同时指向“人”，具有两组语义指向结构体。替换前后的意思基本相同，语义指向却存在变化。

可见反义配置在语义指向有一定的特殊性，共有三类情况：短语的前项和后项同时指向同一个对象，具有两组语义指向结构体；短语中的前项指向后项，具有一组语义指向结构体；所指对象处于潜隐状态，具有一组语义指向结构体。语义指向规律会根据短语表述形式的变化而变化。

2.2.4.4　语体分布不平衡

语体是为了适应不同的交际领域的需要而形成的语文体式。根据郑远汉（1998）的划分方法，语体风格可分为科学体、艺术体、谈话体三大类。这是根据言语活动、言语作品的风格表现划分的语体风格类型，主要是与不同的交际任务相联系的风格范畴。我们以这三种基本语体为依据进行抽样调查，得出以下结论：

从总体上看，反义配置的语体分布不平衡，受语体环境的制约较大。科学语体中一般没有反义配置；艺术语体中经常出现反义配置，频率较高；谈话语体中有反义配置，但频率不高。具体情况见下表：

表 2.1　反义配置的语体分布抽样调查表

语体类型	考察资料	考察字数	反义配置数	总占比（%）
科学语体	《胡锦涛文选》（第一卷）	20 万	0①	0%
艺术语体	《2015 中国最佳诗歌》	20 万	68	81%
谈话语体	《邹静之戏剧集》	20 万	6	19%

① 《胡锦涛文选》（第一卷）中没有反义配置，并不意味着科学语体中没有反义配置，这仅说明科学语体中反义配置极少。科学语体中，在对某些现象或者规律进行通俗的解释时，有时会使用反义配置。例如：这个问题经常被人们错误地表达为，量子力学预言，这只猫是处于一种既死又活的状态。（《量子物理学的实验与哲学基础》）

科学体与逻辑思维密切相关，通常明确、严谨地论述和说明事理。科学体中的词语概念十分明确，句法、章法十分规整且严格，表述手段也十分正规。体现科学体言语特点的典型作品有公文、法令、科学论著等等。反义配置违反了形式逻辑的基本规律，表层语义存在矛盾，整体语义又具有模糊性，因此极少在科学语体中出现。

艺术体与形象思维密切相关，通常用于唤起某些联想或者强化某些感受，特别是美的感受。词语通常是描述性的，句法、章法多样，富于变化。体现艺术体言语特点的典型作品有散文和诗歌。反义配置能明显适应艺术体的言语风格，散文和诗歌中常用简洁的语言表达丰富的语义内容，具有言简意赅、新颖别致、不落俗套、委婉含蓄等特点，还能彰显言语使用者的言外之意。反义配置恰好能满足这些方面的语言要求，在传达语言信息的同时，使语言充满丰富的感情色彩。因此，反义配置常常出现在艺术语体中。

谈话体主要用于日常交流或陈述事件，具有朴实自然、轻灵便捷的风格特征。体现谈话体言语特点的典型作品有日常谈话、小说、戏剧作品中的对白等。反义配置在谈话体中运用也较少，因为在日常谈话中使用反义配置，对谈话双方的语言素养提出了要求，说话人必须具备一定的语言运用水平，听话人同时也需具备一定的理解水平。反义配置在谈话体中的运用受到一定程度的限制。

总之，反义配置语体分布的不平衡主要体现在它一般出现在艺术体中，而极少出现在科学体中。

2.2.5 反义配置的性质

2.2.5.1 理据性

所谓理据，就是命名的依据，用什么语言形式表示某种语义内容是有依据、缘由的。反义配置的构成理据，主要体现在逻辑和认知两个方面。

（一）逻辑思维理据

反义配置作为一种特殊的语言运用现象，是一种修辞现象。反义配置的理据性，体现在语言使用者出于某种使用目的或为了实现某种表达效果而采取偏离常规的修辞手段，以彰显其修辞价值。反义配置现象中体现的逻辑思维，是反义配置运用的重要理据。人们通常是以逻辑思维为依据去观察、评定语言运用现象的。常规的语言运用现象是建立在人们正确的逻辑思维之上，如果一种语言运用现象偏离了常规、发生了变异，则需要引起人们更多的思考。反义配置的运用是对常规语言运用的“偏离”或“错位”，若是以提高表达效果为目的，即便话语偏离或者违反了逻辑，只要它符合语用原则且能够增强表达效果，人们往往选择忽略语言的内在逻辑性。

反义配置通常描述同一个对象两个相反的特点，是语言的变异运用，是为了修辞目的有意为之。从逻辑角度讲，反义配置违反了形式逻辑的矛盾律，即在同一个思维过程中，互相否定的思想不能同时为真。矛盾律归根结底是客观事物质的规定性的反映。例如：

（50）这样算起来她一生就养育了七个孩子，如果按一个孩子她抚养七年，按现在的保姆每月工资四百元计算，那么仅此一项她一生所创造的价值就是二十三万五千二百元。我奶奶是个文盲，她不会算，可是我算出了她平凡的伟大。……如果说在日本鬼子杀进村的生死关头，谁能替我去死？而且死的方式还非常残酷！只有我奶奶！她不仅能为我去死，她还能为我们所有的她养育的儿孙去死！（记工《边走边忽悠》）

根据客观世界的普遍规律，如果一个人是平凡的，那么不可能伟大，如果一个人是伟大的，那么不可能是平凡的。“平凡的伟大”显然违反了逻辑矛盾律，但却依靠对矛盾律的违反，实现了增强表达效果的目的。这一表述实际上涵盖了两个论域，即“奶奶”从生活层面看，是平凡的人；从精神层面看，是伟大的人。反义配置的“跨域悖反”显示出它对常规逻辑的偏离。从语言形式上看是不合逻辑的，但实际上却是利用概念间的矛盾关系，实现了二者的同一，又是合乎逻辑的。

从语法角度看，反义配置现象的组合规律一方面受到语法规则的支配，另一方面还受到语义选择的支配，遵循某种逻辑思维规律。形式的逻辑性是人们为了提高语言运用效果而有意识地违反或偏离。一般来说，语言表述需要既需要符合语法规律，也需要符合客观现实的规律。当我们运用语言表述事物内在规律的时候，出于语言的自身特点或特殊的表达要求，需要从逻辑思维的制约下解放出来，进一步扩大联想，揭示语言表达的言外之意，以展现形式逻辑之外的“语用”的逻辑性。人们充分利用自身掌握的世界知识和所处的言语环境，对某个事物或现象进行合乎逻辑的分析、联想，反义配置产生的过程就是分析、联想、推理、综合的逻辑思维过程。

反义配置现象的逻辑思维理据还体现在对“质准则”（quality maxim）和“量准则”（quantity maxim）的把握上。质准强调话语的真实性，证据充足；量准则要求言语使用者所提供的话语信息量足够大，能达到交际目的，只有做到这两点才能保证信息的准确传达，不会因违反形式逻辑规律造成理解的困难。例（50）中，依据上下文，“平凡”是指奶奶是一个养育儿女的普通人，是个文盲不会算术；“伟大”是指奶奶养育儿女花费巨大，还愿意为儿女牺牲自己的性命。因此本例符合质和量的要求。

需要指出的是，反义配置有时从静态角度看是不合逻辑的，但从语言使用的动态角度看又是合乎逻辑的，并且是有意义的。

维特根斯坦在哲学语法的讨论中，从哲学角度分析了“没有长度的棍子”。从逻辑角度看，显然是不合逻辑的表达；从现实角度看，“没有长度的棍子”是令人无法想象的东西，棍子的存在具有三维空间性，说棍子没有长度，违背了宏观物理规律。从语义角度看“没有长度的棍子”这个短语是没有意义的，它超出了人脑对世界的认知范围。但“不合逻辑和不可想象都不能成为‘没有长度的棍子’没有意义的理据”[①]。维特根斯坦指出，语言的功能不在于反映世界，而在于像使用工具那样对世界做出应对，“语言的功能是反应而不是反映”[②]，他强调语言的“工具性”。因此，语言的意义必须根据语言的具体使用情况而定。“没有长度的棍子”不合逻辑，人脑或现实中均不存在相应的对象，但能通过使用他形成其他意义完整的表述。例如：“没有人能够找到一根没有长度的棍子”；“张爱玲说三十年前的月亮是信笺上落下的泪珠就如没有长度的棍子一样令人无法想象”。可见，逻辑、现实和想象都无法制约反义配置这种创造性的表达。

综上，反义配置现象的逻辑思维理据，体现在既违反了逻辑，又依靠对逻辑的违反实现了语用目的。很多情况下，它的意义是在使用中被赋予的。可以说“不合逻辑的逻辑”就是反义配置的使用逻辑。

（二）认知思维理据

反义配置现象的产生和识解，与认知思维密不可分。人们在语言交际过程中，往往习惯于接受头脑中预设的或者更希望接受的信息，当信息发

---

① 杨炳钧，刘方华．关于不合逻辑的语言表达的意义：以“没有长度的棍子”为例［J］．外语学刊，2015（4）．

② 陈嘉映．语言哲学［M］．北京：北京大学出版社，2003：188．

出者使用偏离或超出常规的信息内容时，信息接收者会更积极地关注这种信息内容。说明特殊的语言运用手段能够引起信息接收者的注意，产生对该信息的更深刻的理解，从而在语言交际双方之间产生强烈的认同和共鸣。反义配置就是这样一种特殊的语用手段。

由“心理空间理论”（the blended space theory）发展而来的概念整合理论（conceptual blending theory）对反义配置现象的认知模式提供了解释。该理论将人脑中抽象的认知思维过程具体化为人脑中存在多个认知空间的映射关系。由于人们在认知思维过程中，大脑根据已知经验信息形成了概念空间，当其他相关联的事物介入时，大脑会调用储存的经验信息，形成概念的合成。Fauconnier & Turner（1988）认为，合成空间（blending space）是通过组合、完善、扩展等方式从两个输入空间（input space）中提取部分信息结构。通过投射映射（projection mappings）和图式映射（schema mappings）的方式将相关概念和信息源中的概念相连，进行相关联想。通过搜索存储于人脑中的信息和经验进行认知思维，从而将各部分信息结构整合为层创结构（emergent structure），如图 2.1：

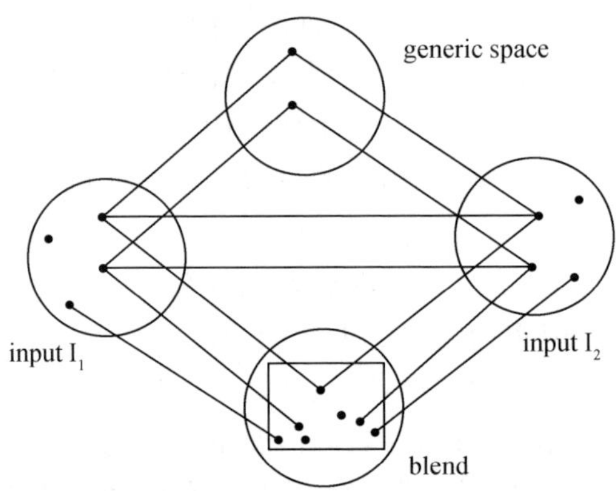

图 2.1 概念整合理论图示（Fauconnier，G. & M. Turner，1998：143）

我们认为，两个输入空间分别代表语言运用中的常规表达的一般信息和超常信息，层创结构就是二者整合形成的特殊的语言运用方式，即反义配置。根据概念整合理论，能够理解反义配置的生成和理解的动态过程，整合性的认知思维是其存在的重要理据。

概念整合主要有“隐喻型整合”和“转喻型整合”两种方式。其中，“隐喻型整合”是建立在相似性上的概念。隐喻体现了不同认知域之间的映射关系，将一个认知域中的概念投射到另一个认知域，是构建新概念的一种认知方式。反义配置中经常使用隐喻型整合方式描述某些事物。例如：

(51) 几乎同时，一下子跳出四个汉子似的女人，……这四条女汉子对严慰冰仅差开膛破肚的搜查，使她被侮辱得想哭，想喊，想骂人！（北大语料库）

例（51）中，“女汉子”是指“具有某些男人特质的女性”，泛指虽然性别上是女子，但性格豪爽、不怕吃苦、不拘小节，具有男性某些特点的女性。根据“女汉子”，可以建立两个输入空间，即男性和女性。这两个输入空间具有不同的信息结构和组织框架。二者存在对应关系，男性框架中的“坚强、大气、自主、不修边幅”对应女性框架中的“刚强、豪爽、独立、不拘小节”。合成空间中采用的是“男性”这一组织框架，表明被投射到合成空间里的成分都将根据男性的组织框架形成相应的结构。两个输入空间中的对应关系在合成空间中被整合和压缩，仅保留了“女性特质”这一个语义，同“汉子”相整合，最终产生一个层创结构：明明是一个女人，各方面却表现得像个男人。

从语用角度看，隐喻具有评价功能，隐喻在语言运用过程中赋予了反义配置表达中说话人的主观态度。当对应关系在合成空间中被整合或压缩的时候，同时也将主观评价传递到层创结构中去。本例中，作者凭借“女汉子”这个含有贬义色彩的短语，将莽撞、粗鲁的女性行为描述得恰到好处。

需要指出的是，从语义层面看，反义配置的语义整合过程中并没有转喻机制的参与。但从形式层面看，大多数反义配置是由转喻机制构成的。这体现在对某些语言要素的省略。例如：“有些人明明是老年人，却表现得像个小孩，特别爱玩”这句话能够缩略为“老顽童”，言语表述中，整体中的一部分代表了整体，是转喻机制的作用。转喻依靠的是事物之间的“相邻性”调动人脑中的百科信息以寻找最佳关联的过程。邹春玲（2010）指出，转喻既是认知过程，也是认知手段。转喻关系对推理起到促进作用，是语用推理的核心。

反义配置现象的认知识解仅依靠隐喻机制和转喻机制的共同作用还不足以全面解释其语用意义。认知语境也起到了关键作用，它包括人脑在认知过程中的各种信息，是这些信息在理解过程中不断选择的结果，具有动态的特征。反义配置中，词汇的理解受认知语境的限制。关联理论认为，人们在接收和理解话语时是在不断变化着的语境基础上处理新信息的。何自然（2006）指出，认知主体利用推理机制综合话语的字面意义和认知信息，然后结合语境假设，寻找它们之间的内在联系，最终选择最佳关联性的解释。因此，在语用意义的识解过程中，人脑需要结合语境假设对已知信息和认知信息进行不断的选择和调整。反义配置表达中，意义相反或相对的语言成分的具体所指不明确的情况下，言语接受者需要调动认知语境进行推理。例如：

（52）佳原明白了，佳原也笑起来。他们都懂得了自己的幸福，懂得了生活、世界是属于他们的。青年人的笑声使风、雨雪都停止了，城市的上空是夜晚的太阳。（王蒙《风筝飘带》）

例（52）中，“夜晚的太阳”是一个反义配置短语。根据已知信息和字面意义，这一说法有违现实规律，太阳不可能出现在夜晚，只可能出现在白天。加上隐喻机制的作用，能够推理出“夜晚的太阳”的实际所指是“月亮”。作者为什么不说“城市的上空是月亮”而说“城市的上空是夜晚的太阳”呢？这需要读者结合认知语境对作者的语用意图进行认知上的选择和加工，寻找该短语和语境的最佳关联。“太阳”本身具有“温暖、喜悦”的情感义，读者根据认知语境，通过语境假设对认知信息进行动态推导，从而将“青年人的笑声”与“太阳”联系起来，并与“风、雨雪”等外部环境形成对比。从而使“夜晚的太阳”比“月亮”更具有情感表现力度，推理出青年人生活即使充满艰辛，但有着乐观向上的积极心态，这样的语用意义只有“夜晚的太阳”才能将其生动形象地描述。可见，交际者在交际过程中根据已有知识和经验激起复杂的心理认知结构，认知结构在语用意义识解过程中被激活，为语用意义的识解提供指导。

综上，概念整合理论为反义配置短语的表达操作过程提供了认知解释，合成性的认知方式是其产生的重要理据。反义配置的语用意义的识解离不开隐喻机制、转喻机制以及认知语境的帮助。

2.2.5.2　临时性

反义配置是利用构词、构语等手段为实现一定修辞目的的产物。从它体现在语言中的特殊作用及其产生的目的看，本质上属于修辞现象。反义配置现象的产生和存在与具体的、特定的修辞目的紧密相关，也与说话者个人的言语技巧紧密相关。常规配置的语言成分，可以根据内部成分配置规律反复创造并沿用，可以不依赖语境理解其中的意思。而反义配置超越了成分配置的常规限制，是在偶然的情况下产生的，必须依赖语境理解其中的意思。

有的反义配置，虽然也能在一定条件下继续使用，但继续使用的频率与常规配置相比要小得多。反义配置需要依附于一些特定的句法格式，如偏正、主谓、联合等，并常常借用、仿用这类格式。如果言语使用者意图歌颂毛主席是个伟大的人，可以说："毛主席是个伟人。"如果说话人意图在定心短语的语法格式框架下说明毛主席兼具平凡和伟大的双重特征，则可以说"毛主席是个平凡的伟人"，成为一种临时性的表达。有时，反义配置在不同的语境中意义不同，在脱离语境的情况下，存在歧义。例如："富有的穷人"既可能指"在精神方面富有、物质方面贫穷的人"，也可能指"物质方面贫穷、精神方面富足的人"。反义配置的书面表达中经常使用引号，将临时使用的部分用引号标示，表示特定的称谓、特殊含义或特殊对象，凸显了临时性。例如：

(53) 据了解，面积约 3 万平方公里的西海固境内文物蕴藏丰富，在其所辖的 8 个县内均有分布，其中隆德县等地也藏有国家一级文物，难怪有人说这里"贫穷而又富有"。(北语语料库)

(54) 有"小孟小冬"之称的京剧界女老生王珮瑜在南京献上一场由市民众筹的清唱会。常被人们称为"帅女人"的王珮瑜，自称不觉得自己帅。(中国新闻网 2016-01-08)

(55) 王玉华大姐是个典型的东北人，开朗、爱笑，跟丁大爷对话时更像是在哄着一个"老小孩"。(人民网 2016-12-21)

例 (53) 中，西海固地区物质生活贫穷，文物资源丰富。"贫穷而又富有"是临时使用的联合式反义配置短语，不能用它描述除西海固地区以外的其他地区的情况，具有临时性。例 (54) 中，王珮瑜在京剧中扮演老生，人们将临时使用男性特征描述她，"帅女人"仅能用来称谓王珮瑜本人，而不能用来称谓其他人，因此"帅女人"是临时使用的反义配置短语。例 (55) 中，"老小孩"是指年老的小孩，特指"丁大爷"。除了在此处，"老小孩"不能用来指代其他人。"老小孩"是临时使用的反义配置短语。

反义配置代表了一类符合特定语法规则的语言现象，使用时受许多规则的限制，而非任意的创造。这些限制主要包括句法限制、语义限制和语用限制三个方面。

句法限制体现在反义配置的创造必须遵循现有的语法结构规则，不可违反汉语的语法规律，随意生造；语义限制体现在反义配置现象中必须存在两个意义相反或相对的语言单位，语义关系需建立在矛盾对立的逻辑基础之上，这对语义单位临时性的选用提出了要求；语用限制体现在反义配置现象只有在特定的语言环境中，出于增强某种表达效果，或是为了满足特定的语用需求时候才会使用。这对言语交际者的语言修养提出了要求：一方面要求说话人恰如其分地表达思想，具备一定的语言运用水平；另一方面还要求听话人能准确无误地理解说话人所述内容，具备一定的语言鉴赏能力。

反义配置现象是言语表达者为了实现多种修辞目的临时创造的。许多修辞目的往往相互交织在一起，往往起到精当贴切、言简意赅、合律押韵、幽默讽刺的修辞效果，我们将在下文详细分析。

2.2.5.3　经济性

经济学角度的经济，就是用尽可能小的投入获取最大的收益，即实现"效用的最大化"（utility maximization）。语言运用中，人们也积极遵循这一规律，因而更倾向于使用结构简约的语句。法国语言学家 Martinet 提出了"经济原则"（economy principle），他从语言演变的角度指出，人类在语言交际过程中，交际需要和生理、思维的惰性存在矛盾，这种矛盾促使语言不断地发展变化。Leech（1983）从语言运用的角度进一步解释了经济原则。他认为，在所传递的信息不受到影响的前提下简省文本，减少了听者和言者在对信息进行编码和解码时所耗费的精力与时间，从而使交际过程变得流畅和快捷[①]。

反义配置在使用中所体现的经济性，是在经济原则制约下逐渐形成的。我们认为，反义配置的经济性主要是通过两个方面实现的：一是语法规则的调整，体现在结构层面上的简省，简省程度取决于语境中信息量的多寡；二是认知语义机制的支持，体现在逻辑思维对两个不同认知域的整合。

从语法角度看，同一个语法意义虽然可以用不同的语法形式表述，但在语言运用过程中，人们会自觉或者不自觉地选用熟悉的或习惯使用的，

---

① LEECH G. Principles of Pragmatics [M]. London: Longman, 1983.

或具有较大普适性的语法形式以减少能量的消耗。“反义配置”大多发生在短语层面，符合语法结构的经济原则。例如，人们想某种情况下意图表达某个问题小到不值得一提，一般不说“这个问题，不是问题”，而说“不是问题的问题”，因为前者的编码度更简单。从认知角度看，为了满足表达的需要，反义配置作为简化后的特殊表达方式，往往突破了言语使用者和言语接受者的正常心理期待，产生了额外的信息。例如“不是问题的问题”不仅传递了“这个问题，不是问题”，满足了言听者的正常心理期待之外，还暗含了“这表面上看起来是个问题，实质上根本不是问题”的逻辑转折。这将“表”与“里”两个认知域中截然相反的语义内容整合在连贯的语流中，体现了逻辑思维的跨域运用，展现了更丰富的内涵。

另外，反义配置现象因为具有特殊含义而经常被视为表达的重心，这在语用上称为“焦点化”。实验心理学的研究证实，语言作为一连串符号序列，最先和最后呈现的部分比中间呈现的部分更容易引起注意并更容易被回忆起来。最经济的语序手段是将表达的重心放置在句子的开头或末尾，反义配置现象中，意思相反的两个语义单位在大多数情况下被放置在宾语或主语这两个句法位置上，这也符合语言运用的经济性。

综上，反义配置现象的产生符合经济原则，从语法规则、表义功能、认知规律上看都是经济的，具有经济性。

2.2.5.4　变异性

“变异”（variation）原是社会语言学的术语，语言的变异问题，是社会语言学中研究语言与社会共变的主要内容。从修辞学的观点看，反义配置现象是一种“言语变异”现象，是采取变异形式而显示出特别表达效果的修辞现象。刘勰在《文心雕龙·通变》中说：“文辞气力，通变则久，此无方之数也。名理有常，体必资于故实；通变无方，数必酌于新声：故能骋无穷之路，饮不竭之源。”说明掌握了“通变”的方法，一定能有无限的文思。反义配置的变异性建立在言语艺术的基础之上，它往往会突破语言规范的限制。遵守语言规范是交际的起码条件，违反规范会导致交际发生许多问题。修辞行为必须遵守语言规范，但为了提高表达效果，必须采取特殊的手段，因此允许在一定的语境中突破语言规范。英国语言学家雷蒙德·查普曼指出：“变异不一定就是不合语法或者违背任何规则。变异可以仅是语法允许的可能范围内、比正常语言使用更进一步的结果。”反义配置现象通过对规范的突破，对常规的超越，建立在提高言语表达效果的基础之上，是往好的方向变异。一般来说，人们说话、写文章都要求在言语形式上做到规范且前后一致，但有时为了达到交际目的和效果的需要，人们故意使用意思相反、看起来自相矛盾的言语表达，这就是我们所说的“反义配置变异”。

反义配置的变异性，体现在言语的表达效果中。为更高效、新颖地表达言语使用者的思想，言语在使用过程中往往突破形式逻辑规律的束缚，使言语表达表面上看起来意思相反，实际上隽永深刻。例如：

（56）这遍地的瓷片，是文化的碎片，审美的碎片，是时间飞刀之下遗落的美的痕迹，是破碎，也是完整。（付秀莹《秋到上林湖》）

（57）他怎寻得被禁锢的伊呢？

他只迷在伊的风里，

隐忍着这悲惨而又甜蜜的伤心。

醺醺地翩翩地飞着。（铁扬《湖畔诗》）

（58）6月底，记者来到安徽省亳州市涡阳县，追踪一位平凡而又伟大的基层干部的身影。（人民网 2016-07-22）

例（56）中，“瓷片”是破碎的，是客观事实，然而作者又故意使用一个反义词“完整”与之对应，体现了“反义配置变异”。说明从现实角度看，瓷片是破碎的，从文化和审美的角度看是完整的。例（57）中，作者故意使用“悲惨”和“甜蜜”两个截然相反的词描写悲伤的心情。变异性的配置揭示了人物痛苦和甜蜜相交织的复杂心情。例（58）中，根据常规表达，我们可以用“平凡又可爱”描写基层干部的特点。作者却不这么做，而是故意将“平凡”和“伟大”这两个词串联在一起使用，这种变异性的配置揭示了基层干部岗位之平凡、精神之伟大。

总之，反义配置作为一种修辞性的言语活动，具有变异性，是既逾越规范又遵循规范的行为，是向好的方向变异。

第三章　主谓式反义配置

主谓配置，是指将小句构件配置成为主语和谓语，这是小句最基本的配置。主语是谓语前面表示主体事物的成分，谓语是主语后面表示述说角度的成分。主谓式反义配置，是一组意义相反或相对的语言单位被分别配置在主语和谓语的位置上，从而形成看似矛盾对立、实则和谐隽永的言语运用现象。主谓配置作为小句最基本的配置，成句能力很强。从对主体事物的述说角度看，意思相反或相对的语言单位在句中分别充当主语和谓语。

反义配置中，反义关系是通过自否定的方式形成的，反义关系直接显露词汇的表层，我们称为“显性形式”；一个语言单位与另一个语言单位构成反义关系，反义关系隐含在词汇意义中，我们称为“隐性形式”。

为了论述方便，我们将反义配置中意思相反或相对的两个变项（语言单位）分别记为“X”和“非 X”。语流中首先出现的变项称为“前项”，随后出现的变项称为“后项”。我们将主谓式反义配置中作主语的部分称为“主项”，作谓语的部分称为“谓项”。

3.1　语表形式

“语表形式，是显露在外的可见形式。”（邢福义 1997）我们将主谓式反义配置的语表形式根据标记和配置特点分为三类，分别是“X 是非 X”及其变式、“X 不是 X”及其变式、“X 的 Y，非 X”及其变式。其中，有的格式既有显性形式，也有隐性形式；有的格式没有隐性形式，只有显性形式。

3.1.1　“X 是非 X”及其变式

“X 是非 X”及其变式的语表形式特点是：由“是”类表示判断的标

记词连接前后意义相反或相对的变项“X”和“非 X”，其中“X”是主语，“是非 X”是谓语。“是”类标记词主要有“是”“等于”和“叫”三种。

3.1.1.1 X 是非 X

“X 是非 X”格式是主谓式反义配置的典型形式。常项“是”的前面常有“就”“便”“更”“即”“都”“往往”等副词。其中，“就”的使用频率最高。否定词通常是“不”或“没有”，“不”通常连接动词或形容词，“没有”通常连接名词。从句法分布看，“X 是非 X”既可以作独立的句子，也可以作分句，还能作为一个整体充当主要句子成分。

显性形式有：

（1）天赐唯一的抵抗是不抵抗，自己翻白眼比有声有色的示威强得多。（老舍《牛天赐传》）

（2）“我的缺点就是没有缺点。”稍显无厘头式的开场白让现场气氛顿时轻松了起来。（《北京晨报》2008-04-09）

（3）强盗的逻辑就是没有逻辑，命运注定扈三娘逃不过这一劫。（刘永学《跟屁虫宋清（外二篇）》）

（4）狡黠的米卢却再一次幽默地耍了滑头：“我的所有队员都是最出色的！我认为我们的问题不是出在中场上，我们最大的问题就是没有问题！”（《厦门晚报》2000-12-11）

（5）对一切都兴奋就是对一切都不兴奋。（艾青《艾青诗选・自序》）

例（1）—例（5）中，主语中心语和宾语中心语的前面都可添加修饰限定成分，“是”的前后两个变项都是短语。

显性形式中，有时变项“非 X”在前，“X”在后。例如：

（6）当然，有的时候没有语言就是最佳的语言，所以此时无声胜有声。但有些时候，没有反应便是最差的反应，这一刻便是一例。（温瑞安《朝天一棍》）

（7）在他的经验里，没有办法往往是最好的办法，而延宕足以杀死时间与风波。（老舍《且说屋里》）

（8）对于担负着安全保卫全责的将军、护卫们来讲，一句话都不说就表示什么话都不必说，没有诘难那就是最严厉的无形责备，不提惩罚更是最严厉的良心上的惩处。（海红鲸《宋末商贾》）

（9）就让他们在此画下句点吧，没有结局就是最好的结局，始于淡淡

的一个吻，终于轻轻地擦身而过，他们没有交集……（北大语料库）

（10）相反地，中国人一直十分重视原则，而且相当坚持原则。于是，有人说“没有原则就是最好的原则”。（曾仕强《中国式管理》）

在许多情况下，“X 是非 X”格式的显性形式中，变项中常使用极性修饰语。特别是“非 X”在前，“X”在后的显性形式中，变项中的极性修饰语不能省略，如例（6）—例（10）中均使用了极性修饰语“最好的”“最佳的”“最严厉的”。我们一般不说“没有语言就是语言”“没有结局就是结局”“没有原则就是原则”。显性形式中，变项通常是短语。

隐性形式有：

（11）《静即是动》（《长江商报》2010-02-09）

（12）有过就是永远，结尾就是开端，在伟大的无穷当中，直线就是圆周。（王蒙《明年我将衰老》）

（13）历史以无数生动的事实告诉我们：真正的聪明人是“傻子”。（《厦门日报》1962-03-15）

（14）进攻是最好的防守，无数次徘徊在生死边缘的经验告诉他们，眼前唯有舍命相搏，方能化不可能为可能，获得一线生机。（北大语料库）

（15）我不由得对陪着我的少波感叹“这真是一个无政府主义的国家啊”，但“无政府”就是它的秩序。（王家新《我的希腊行》）

隐性形式中，变项既可以是词，也可以是短语。如例（11）和例（12）中，变项中没有添加修饰成分。例（13）中，“聪明人”前面添加了“真正的”作为修饰成分。例（14）中，“防守”前面添加了“最好的”作为修饰成分。例（15）中，“秩序”前面添加了“它的”作为修饰成分。

有时，变项的内容互换后相继出现在一个完整的表述中，构成易位回环的形式。显性形式和隐性形式都能采用回环。例如：

（16）他对着她的耳朵大叫：“你就是我，我就是你，天就是地，地就是天，阴就是阳，阳就是阴，乾就是坤，坤就是乾，丈夫是我，你就是妻。”（琼瑶《匆匆，太匆匆》）

（17）这个下午听了一首歌，这首歌让他如此悲哀，为没有边界的生死，为那生就是死死就是生的孤独流出了眼泪。（《南方周末》2012-06-28）

（18）靓即是丑，丑即是靓，靓自非丑，非非丑，非靓，非非靓。0即是圆，圆即是0。有就是没有，没有就是什么都有。（王蒙《满涨的靓汤》）

(19) 大官走了以后，书生就问僧人为什么待遇不同。僧人说："敬是不敬，不敬是敬。"书生就照僧人脸上狠狠打了一耳光。僧人愤怒地抗议道："你为什么打我？"书生说："打是不打，不打是打。"(冯友兰《中国哲学简史》)

(20) 正如他自己曾提到的，"现实是非现实的，非现实的同时又是现实的——我想构筑这样的世界。"(苏静、江江《嗨，村上春树》)

有时，多个"X是非X"可以排比连用，显性形式和隐性形式能够同时出现在同一个表述中。例如：

(21) 离愁别绪，齐涌而来，韩青望着华冈那些建筑物从视线中消失，还真的感到"有就是没有，存在就是不存在，最近的就是最远的……"(琼瑶《匆匆，太匆匆》)

(22) 万万没有想到，一切的希望都是失望，一切设想都是幻想，一切感觉都是错觉。(刘琦《去意徊徨》)

值得注意的是，例(21)中，"最近的就是最远的"省略了主语中心语和宾语中心语，这种情况比较少见。事实上，"X是非X"格式中，变项"X"和"非X"在句中既可以是名词或名词性短语，也可以是形容词或形容词短语，还可以是动词或动词短语，但它们在句中的功能相当于名词。

另外，"X是非X"格式还有一个变式，常项"是"有时是"在于"，相当于"X在于非X"。例如：

(23) 前几天看了钱穆老先生的《中国历代政治得失》，我发现自己的问题在于没有问题。(百度高级搜索)

(24) 作者精通外文，热爱图书，如他自己所说，他的秘密在于没有秘密：每天晚上，"从八点到深夜两点"，"老老实实一句句地看书"，"十年如一日"，驾扁舟航行于书的海洋中。(北大语料库)

(25) 十年，风帆厂创出了自己的名牌，用主人的话讲，他们的优势就在于没有优势，市场经济把他们比别人早5年推向了市场，推下了大海。(北大语料库)

(26) 婚姻要想维持下去，需要很多的技巧，但最大的技巧在于没有技巧，一切顺其自然。(中国甘肃网 2016-06-20)

如例句所示，"X在于非X"中只有显性形式，没有隐性形式。其显性形式与"X是非X"的显性形式表现基本相同，"X"前面可以添加修饰限定成分。“X 在于非 X”中不存在“非 X”在前“X”在后的情况。从性质上看，“X 是非 X”中的“X”可以是名词、动词或形容词，而“X 在于非 X”中的“X”通常是名词。

3.1.1.2　X 等于非 X

“X 等于非 X”格式，是由常项“等于”连接两个意义相反或相对的变项，表示前后相等或差不多相等。变项都是谓词或谓词性短语。否定词通常是“没”“没有”“无”。常项“等于”前面可以根据表达需要，添加“就”“也”“便”“实际（上）”等副词。“X 等于非 X”格式只有显性形式。例如：

(27) 就我读过的文章来看，肤浅者居多。往往读了等于没读，毫无所获。作者勉强得出来的结论，也多是八股调，说了等于没说。（北大语料库）

(28) 如果我选了你三哥，他与我交朋友后，还是见篮球多过见我，那么有男朋友等于没有男朋友。（岑凯伦《蜜糖儿》）

(29) 什么事都可以做，就是“兴波”。但毫无挂碍，一点也不往心里挂，做了就等于没有做，这就是“不作浪”。（北大语料库）

(30) 哪还记得它的树干和树叶有什么特征？于是，见过也等于没见过，再见，仍然茫然，除非它正在开花。（北大语料库）

(31) 一些乡镇干部告诉记者，负担太重了便等于没有负担。上边不切实际地下任务，下边只能是稀里糊涂地完成任务。（北大语料库）

(32) 这句介绍实际等于没有介绍，因为储安平是个作家，而且颇有些名声，是尽人皆知的事。（北大语料库）

(33) 多中心自然等于没中心，到八舅那儿去的人当然要减少了。（张胜利《八舅》）

从组合单位的性质看，“X 等于非 X”格式中，标记词“等于”前后的两个变项通常是谓词性短语，但功能上都相当于名词。

“X 等于非 X”与“X 是非 X”格式中的变项“X”和“非 X”既可以是词，也可以是短语。无论标记词前后的“X”和“非 X”是什么性质，其功能都相当于名词。

3.1.1.3　有一种 X 叫非 X

“有一种 X 叫非 X”是一种特殊的主谓式反义配置。意义相反或相对的语言单位“X”和“非 X”分别被配置在“有一种……叫……”结构槽中。该格式只有隐性形式。例如：

（34）《有一种倒下叫站起》（萧雨汝诗歌名）

（35）《有一种伟大叫平凡》（《新民周刊》2012 年第 23 期）

（36）《有一种自卑叫自信》（好故事网 2016-12-31）

（37）这件事提醒我们，有一种习惯叫依赖，有一种服务叫控制，有一种拥有叫失去。（《国际金融报》2013-07-23）

（38）有一种倒下叫站起。教授李保国走了，但小康路上的群众挺起了腰杆；有一种伟大叫平凡。“农民”李保国去了，但巍巍太行铸成了无言的丰碑。（人民网 2016-06-16）

（39）《有一种痛苦叫我很幸福》（刘梦歌曲名）

（40）有一种旅游叫足不出户，有一种交往叫一人独处。——题记（劳马《走遍世界》）

如例句所示，“有一种 X 叫非 X”格式中的变项“X”和“非 X”既可以是词，也可以是短语，但在大多数情况下是双音节谓词。

“有一种 X 叫非 X”是含“有”字的连谓句中的一类。前一句中作为谓语的“X”与后一句中作为主语的“X”扣合在一起。相当于“有一种 X，（X）叫非 X”。如例（34）中，“有一种倒下叫站起”相当于“有一种倒下，倒下叫站起”；例（35）中“有一种伟大叫平凡”相当于“有一种伟大，伟大叫平凡”。该格式语境适应性较强，一般单独成句，或作复句的分句。

3.1.2 “X 不是 X”及其变式

“X 不是 X”及其变式的语表形式特点是：“X”和“非 X”在语流中相继出现，“X”被配置为主语（主项），“非 X”被配置为谓语（谓项）。“X”和“非 X”中间没有常项，因此只有显性形式。其中否定标记的变化主要有“不是”“不”“非”三种。

3.1.2.1 X 不是 X

“X 不是 X”常项是“不是”，“X 不是 X”又分为两种，一种是非对举性的“X 不是 X”，一种是对举性的“X 不是 X”。

（一）非对举性的“X 不是 X”。例如：

（41）殷元中出来的时候脸发红、鼻孔出粗气，手脚没处放，浑身上下很不自在，觉得自己不是自己了。（陈世旭《将军镇》）

(42) 第一种情况，合同运用的合法性。现在出现了一种情况，大家认为合同不是合同，合同是证据。（叶林《看好你的钱袋子》）

(43) “可是那个人不是人。”沙曼说的当然是宫九：“他是条毒蛇，是只狐狸，是个魔鬼。”（古龙《陆小凤传奇》）

(44) 没有爱的生活不是生活，而是生存。——高尔基（北大语料库）

(45) 没有前提的批评不是批评，没有价值观念的评价不是评价。（北大语料库）

(46) 只有和周围的人一样生活，不显得特殊的时候，才是真正的生活，独自的幸福不是幸福，因此人应该为社会做有益的事。他这种朴素的善良的思想是十分可贵的。（北大语料库）

如例句所示，非对举的“X 不是 X”格式中，“X”可以是名词、动词或形容词。常项“不是”前后两个部分的句法功能都相当于名词。

主项中可以添加修饰限定成分，也可以不添加，谓项中没有修饰限定成分。如例（41）中，作为主项的“自己”前面没有修饰限定成分。例（44）中，作为主项的“没有爱的生活”中的“生活”前面添加了修饰限定成分“没有爱的”。

从句法特点看，非对举的“X 不是 X”能作为一个整体充当句子成分，或作独句，也能作复句中的分句。如例（41）中，“自己不是自己”在句中充当宾语。例（42）中，“合同不是合同”在句中也充当宾语。例（43）中，“可是那个人不是人”是一个独句。例（44）中，“没有爱的生活不是生活”作转折复句中的分句，“不是”呼应了后面标记中的“而是”，构成了转折标记“不是……而是……”。例（45），“没有前提的批评不是批评”和“没有价值观念的评价不是评价”之间是并列关系，二者都是并列复句的分句。例（46）中，“独自的幸福不是幸福”充当因果复句中的“因”。

（二）对举性的“X 不是 X”。例如：

(47) “男人不是男人，婆姨不是婆姨的，就是叫咱们回去也没半颗粮食，锅也砸了，献给国家了，吃甚呢！”我听了，不敢吱声。（北大语料库）

(48) 刘小枫也鼻子不是鼻子脸不是脸，除了随时拿话敲打陈维高外，其余时间总是愤怒地保持缄默。（徐坤《热狗》）

(49) 以后老张又为电视冒“火”，屏幕上总是下“雾”，看人总是眉毛不是眉毛，鼻子不是鼻子。（北大语料库）

（50）“这一年多来，我常常被各种债主堵住家门，过的人不是人鬼不是鬼的日子，我连死的心都有。”（人民网 2013-03-22）

（51）伍老拔不等他说完，鼻子不是鼻子，脸不是脸地说：“什么叫时刻一到？……”（梁斌《红旗谱》）

（52）但林娘子不是别人，她是八十万禁军教头的老婆啊，所以对付像高衙内这样的纨绔子弟根本不在话下，三下五除二，就把小高打得鼻子不是鼻子脸不是脸了。（北大语料库）

（53）方太太：……家里来了客人，我教她招待招待，你看她那个劲啦味啦的，鼻子不是鼻子，眼睛不是眼睛！我看出来了，破风筝是没安着好心！（老舍戏剧）

（54）梁邦摇摇头，出了口长气，坐在炕沿边上自言自语地说：“干我这个差事，人不是人，鬼不是鬼，叫个什么！”（冯志《敌后武工队》）

（55）不知大家有没有这种感觉，赚钱容易分钱难，分得朋友不是朋友，亲戚不是亲戚，兄弟不是兄弟。（北大语料库）

如例句所示，对举性的“X不是X”格式中，“不是”的前后都是相同的名词。双项对举的情况较多，也有多项对举，如例（55）。从句法功能看，可以该格式可以作主语、谓语、宾语、定语、状语、补语以及分句。如例句所示，在例（47）中作主语，在例（48）中作谓语，在例（49）中作宾语，在例（50）中作定语，在例（51）中作状语，在例（52）、例（55）中作补语，在例（53）、例（54）中作分句。

3.1.2.2 X不X

“X不X”格式的否定标记词是“不”，该格式都是对举性的，不能单用。例如：

（56）“亭前垂柳珍重待春风”，每个字（繁体字）都是九笔。读起来诗不诗、词不词。（人民网 2016-01-06）

（57）为此，妻子也曾多次为钱与老公拌嘴吵架，特别是在春节时，被债主堵在家里要债，搞得他们家不家、年不年的，没有一点家的气氛。（人民网 2016-04-28）

（58）老人听见“王绝之”这名字，先是吓了一跳，继而呵呵大笑：“你这副狗不狗、鸡不鸡的鬼样子，居然冒充是王绝之，真是好不知丑！”（北语语料库）

（59）其实它妈妈是企鹅，它爸爸是鸭子，所以就生了这么个“鸭不

鸭”、“企鹅不企鹅”的怪物。(《儿童漫画》2000 年第 3 期)

(60) 你看像我这样一个无用的人，文不文，武不武，商不商，革命不革命，又有什么用处？(王旭烽《茶人三部曲 (上)》)

(61) 身不舍正门，脚不可空存，眼不及一目，拳不打定处。实战步型要求弓不弓，马不马，丁不丁，八不八。(北大语料库)

刘云 (2006) 指出，对举式的一个突出作用就是增加句法功能，否定副词“不”一般修饰动词或形容词，但对举之后就可以修饰普通名词、方位名词或区别词。

从组合性质看，“不”前后两个变项一般是单音节名词，双音节的情况比较少见，如例 (59) 中的“企鹅不企鹅”，例 (60) 中的“革命不革命”。从句法功能看，“X 不 X”格式与对举性的“X 不是 X”格式的句法功能基本相同，能充当主语、谓语、宾语、定语、补语或分句。

邢福义 (2002) 指出：“汉语语法结构在总体面貌上呈现出结构趋简和语义兼容的特点。”“X 不 X”与“X 不是 X”之间的区别体现了结构的趋简性，具体途径表现在谓词“是”的隐匿上，“谓词隐匿”是指将体词和体词之间的谓词隐去，剩下“体词＋体词”的结构槽。“X 不 X”是典型的谓词隐匿的结构。如例 (56) 中，“诗不诗，词不词”隐去了谓词“是”，补全后成为“诗不是诗，词不是词”，成了对举性的“X 不是 X”。再如例 (57) 中“家不家、年不年”隐去了谓词“是”，补全后成为“家不是家、年不是年”，成了对举性的“X 不是 X”。

3.1.2.3　X 非 X

“X 非 X”格式的否定标记是“非”，该格式既可以单用，也可以对举使用。例如：

(62)《梦非梦》(1993 年岑范导演电影)

(63)《花非花雾非雾》(琼瑶小说名)

(64) 情在婚外时，情就是情，若非要把这种情移入婚姻的围城，则就情非情了。(周毅《粉色年华的困惑》)

(65) 十年，弹指一挥的岁月，却斗转星移，蓦然才发现早已物非物，人非人。(周立弘《十年，谈家乡的成长》)

(66) 颂莲朝前走了几步，说，花非花，人非人，花就是人，人就是花，这个道理你不明白？(苏童《妻妾成群》)

(67) 那些信手成体、积墨为字的，所谓书非书、画非画的，还有过

度创新、美其名曰“不工者，工之极也”的书画作品，是万万不能送下去的。（人民网 2016-04-05）

（68）他们不想看到类似游戏或者神话的质感，而是更为广阔和迷幻的呈现出一种诗画的意境，倾向于有些迷幻的舞台气质，楼非楼，湖非湖，亭台非亭台。（人民网 2013-03-07）

从组合性质看，该格式的变项在大部分情况下是单音节名词，偶见双音节名词，如例（68）中的“亭台非亭台”。“X 非 X”格式既可以单用，也可以对举使用。如例（62）中的“梦非梦”被单独用作电影名。例（64）中的“情非情”被单用在一个句子中。例（65）—例（68）中的“X 非 X”都是对举使用的。

3.1.3 “X 的 Y，非 X”及其变式

“X 的 Y，非 X”格式的语表形式特点是：“X 的 Y”和“非 X”被分别配置在主语和谓语的位置上，作为“Y”的修饰成分的“X”与作为谓语的“非 X”语义相悖，反义关系实际发生在小句的定语和谓语之间。否定词一般是“不”，副词“并”用在否定词前面，表示加强否定语气。反义配置形式是显性的。例如：

（69）平静的汰不列湖并不平静。（周而复《在前沿阵地上》）

（70）叶光军一看，果然就是自己要找的老乡兼同学的杨一帆，看见杨一帆就像看到了希望，顿觉这个陌生的城市并不陌生起来。（白卯《城市边缘人的生活》）

（71）这封奇异的信并不奇异。（冯广艺《汉语修辞论》）

（72）和我们读些特级作品一样，评价的好和实际的好，常常并不吻合，看来权威的眼睛并不权威。（李国文《危楼记事》）

除此之外，“X 的 Y，非 X”格式还有紧缩变式“XY 非 X”，紧缩变式的结构比原式更加紧凑，通常采用“2＋2”的韵律配置格式。例如：

（73）李老汉带领全家人对荒地进行了深翻、施肥、改良，植树种草，发展畜牧养羊。而今，外村人见了直羡慕，都夸他是怪人不怪、啥事看得远、摸得准，精明人就是精明人。（北大语料库）

（74）世纪之交历史叙述中的人物并没有打破类型化、概念化的怪圈，而是从一个极端走到另一个极端，形成了一种“好人不好、坏人不坏”的新模式。（北语语料库）

（75）全国总工会李守镇调研南街村："傻子不傻，革命的大傻子才是民族振兴的脊梁！"（中华网 2015-11-22）

（76）《罪人无罪》（网络小说名）

（77）《狂人不狂：还需要时间》（网易体育 2010-08-26）

（78）《"小事"不"小"——谈〈一件小事〉的思想性和艺术性》（唐弢《海山论集》）

语料显示，"XY 非 X"在句中一般充当主语、宾语、定语、分句或作独句。

从结构方面看，"X 的 Y，非 X"格式的一般形式和紧缩形式的主语部分是定心短语，谓语部分是状心短语。从构成成分的性质看，"X 的 Y，非 X"格式的主语部分是"A＋的＋N"的形名组合式，"XY 非 X"格式的主语部分是"A＋N"的形名粘合式。"XY 非 X"格式可以补充省略的部分，使之扩展成为"X 的 Y，非 X"格式。如例（73）中"怪人不怪"可以扩展为"这个奇怪的人并不奇怪"。例（78）中"小事不小"可以扩展为"这件小事并不小"。

3.2　语里意义

"语里意义是隐含在内的不可见的关系或内容。"（邢福义 1997）主谓式反义配置的语里意义中反映出人们对辩证统一规律的巧妙运用，含有深刻的哲理。

3.2.1　主谓式反义配置的逻辑语义

主谓式反义配置，是将两个意义相反或相对的语言单位分别配置在主语和谓语的位置上，二者语表看似矛盾对立，语里实则和谐统一。从形式逻辑上看，主谓式反义配置的语义特点集中体现在它通过主动地违反形式逻辑中的矛盾律和同一律，又巧妙地利用了对二者的违背，从而使语义更具深刻性、辩证性。

逻辑规律一般是在人类思维过程中起作用的规律，但逻辑规律与客观事物相联系，"逻辑规律是客观事物在人的主观意识中的反映"①。逻辑规

① 列宁．列宁全集：第 55 卷［M］．北京：人民出版社，1990：154．

律建立在客观基础之上，是辩证的。客观事物之间既能相互联系又能相互转化，不断运动、发展、变化着。事物在发展到一定阶段时，具有相对的稳定性。这种相对的稳定性反映在思维中，表现为思维的确定性，一个思想反映了什么，它就是反映了什么。

同一律规定，在同一思维过程中，一切思想（包括概念和命题）都必须和自身保持同一。公式表示为“A 是 A”，数理逻辑符号表示为“A→B”。其中“A”表示在思维过程中使用的任何一个词项（term）或命题（proposition），同一律要求词项和命题必须保持自身的确定和同一。词项保持同一，是指词的内涵和外延都必须保持同一。一个词项具有什么意思，就具有什么意思；指称的是什么对象，就指称什么对象。例如“死”这个词项，既可以表示失去生命，也可以表示固定、死板。在同一思维（表述、思考、论辩）过程中，如果在第一种意义上使用“死”，那么必须始终在这个义项上使用它；如果需要在第二个义项上使用它，必须做出说明，指出二者的区别。“死”其实表达了两个不同的概念，两个概念之间不可任意转换。如果违反同一律在词项方面的要求，就会犯“混淆概念”的逻辑错误。

矛盾律也被称为“不矛盾律”，在前文已有过论述，是指在同一思维过程中，互相否定的思想（命题）不能同时为真。矛盾律用公式表示为“A 不是非 A”，数理逻辑符号表示为“¬（A∧¬A）”。也就是说，两个命题，既不可能同真，也不可能同假。

主谓式反义配置中，言语使用者故意违反了同一律和矛盾律，使它的语义具有辩证性。例如：

（79）作为艺术家，他觉得“死是最高的艺术，<u>死就是生</u>”。那么，他是殉职而死，尤其是离开家，走到工作室去结束生命，更说明了他的用意之深。（北大语料库）

例（79）中，“死”这一词项在句中表示“（生物）失去生命”之意。词项保持同一，是指“死”的内涵和外延都必须保持同一，“死”在此处具有什么意思，那么“死”就应该具有什么意思，而不是指别的意思，不存在“死”这个概念的内涵和外延以外的任何意思。“死”的指称对象是川端康成（他），不可能指称其他人。“生”在句中表示“拥有生命，活着”，“死就是生”意味着“死”具有“生”的意思，这违反了词项的同一，因此违反了同一律。“死就是生”在句中包含两个命题：

a ［川端康成死］

b ［川端康成生］

根据矛盾律，如果命题 a 为真，命题 b 作为命题 a 的否定命题，命题 b 必须为假。矛盾律具有客观性和必然性，根据客观现实，川端康成在办公室自杀死亡，显然命题 a ［川端康成死］ 为真，同时要求命题 b ［川端康成生］ 必须为假，客观现实中就意味着川端康成是生、是活着的。a、b 两个命题存在冲突，因此违反了矛盾律。

作者通过主动违背同一律中词项意义的同一，将“死”的内涵和外延的意义进行主观层面的扩充，使之包含了“生”的意义。作者认为，川端康成是在办公室内自杀而死，表明他并不仅仅是自杀，而是为艺术献出生命。从现实角度看，他死了；从艺术角度看，他的死献给了艺术，艺术因此活了。在作者看来，“死”与“生”之间是相互联系的，二者的内涵和外延在某些情况下能够相互转化。作者的思维突破了形式逻辑的限制，使二者达到了辩证统一。

同时违背逻辑同一律和矛盾律，是主谓式反义配置区别于其他反义配置的显著特点。

一个句子或小句由“情态”和“命题”两部分组成。其中，情态包括命题之外表达言语交际者观点和态度的主观语义信息，包括语气、语态、时态等意义。命题是句子中客观传递的语义信息，是脱离言语交际者和语言环境的。利奇在其著作《语义学》中指出，一个命题可以从语义上分析为一个述谓结构，述谓结构由一个谓词和若干变元组成，谓词进行述谓的主要变元称为谓项。一个句子中往往含有多重述谓结构，除了包括主要述谓结构外，还有从属述谓结构和降格述谓结构。不同的述谓结构会产生不同的命题，言语接受者在理解句子时可获得命题的意义，用来把握句子的真实性和完整性。

从述谓结构分析角度看，一个句子若要保持句子的真实性和完整性，必须保证句子中各个命题的意义是相容的，是不发生冲突的。反义配置的命题是存在冲突的，体现在句子的各种命题意义的悖反上。主谓式反义配置中，由于其语义结构是主谓结构，两个谓词是句子的主语和谓语。命题的谓项一般不出现在句子的表层。例如：

(80) 曾有人说过，“没有问题就是最大的问题”。这句话用于民主生活会，很贴切。(人民网 2015-12-23)

例（80）中，谓项没有出现在“没有问题就是最大的问题”这一句的表层中，我们暂用“P”代替。“没有问题”和“最大的问题”可看作述谓结构，产生两个冲突的命题：

a［P 没有问题］

b［P 是最大的问题］

“没有问题”位于反义配置的主语位置，“最大的问题”位于反义配置的宾语位置，分别构成了两个从属命题 a 和 b，它们的命题意义相悖。主谓式反义配置中，两个意思相反的命题一般是由从属述谓结构产生的。这表明反义关系并不仅仅体现在语表层面，而是体现在句子命题意义中。主谓式反义配置的表义特点能通过述谓分析得到很好的解释。

3.2.2 “X 是非 X”及变式的语义差异

“X 是非 X”格式及其变式都违反了形式逻辑的矛盾律和同一律，同时又符合辩证逻辑，凸显了矛盾双方的同一性。

3.2.2.1 X 是非 X

“是”在现代汉语中通常用来表示两个事物之间的关系。吕叔湘的《现代汉语八百词》中，“是”主要起肯定和联系的作用，可以表示等同、归类、存在、领有、特征或质料等。“X 是非 X”格式中的“是”表示两个事物或规律之间的等同关系，是对事物或规律的主观辩证判断。例如：

（81）天赐唯一的抵抗是不抵抗，自己翻白眼比有声有色的示威强得多。（老舍《牛天赐传》）

（82）我不由得对陪着我的少波感叹“这真是一个无政府主义的国家啊”，但“无政府”就是它的秩序。（王家新《我的希腊行》）

（83）宋江先生还算是挺有才的，他懂得黑吃黑的奥妙，精通劣币驱逐良币法则，知道在梁山泊这个乱哄哄的山寨里，该如何摆布一枝失去生命和性灵的花朵。强盗的逻辑就是没有逻辑，命运注定扈三娘逃不过这一劫。（刘永学《跟屁虫宋清（外二篇）》）

“X 是非 X”格式通常被用于描述或说明某事物，从表面上看是“X”，从实质上看是“非 X”。例（81）中，“天赐”采取抵抗的方式是翻白眼，于是作者做出了“抵抗是不抵抗”的主观判断，天赐从表面上看是在抵抗，实际相当于没有抵抗。例（82）中，希腊的罢工示威活动十分频繁，但井然有序。作者说的“无政府”，是指希腊人行动自由，没有政府管制。而没有政府管制，恰恰是希腊民主秩序的体现，表面上看是无秩序的，实际上是有秩序的。例（83）中，“强盗的逻辑”是逻辑上讲不通，强词夺理的意思，表面上看有逻辑，实际上看没有任何逻辑。作者做出强盗没有逻辑的主观判断，是为了说明强盗不会和人讲道理，说话不算话，无逻辑可言。

“X是非X”格式中，“是”前后的两个变项中常使用极性修饰语，加强了判断的辩证性。例如：

（84）记者经过长时间的寻找，终于找到了格拉夫！原来，格拉夫跟阿加西的教练达伦·卡希尔坐在一起。两人坐的正是媒体的座位的最后一排——“最危险的地方就是最安全的地方”，看来这位网坛名将真的是摸透了媒体的心理。（《成都商报》2003-01-14）

（85）就让他们在此画下句点吧，没有结局就是最好的结局，始于淡淡的一个吻，终于轻轻地擦身而过，他们没有交集……（北大语料库）

（86）对一切都兴奋就是对一切都不兴奋。诗人要忠于自己的感受。所谓感受就是对客观世界的反映并不是每首诗都在写自己，但是，每首诗都由自己去写——就是通过自己的心去写。没有兴奋而要装出兴奋，必然学会撒谎。自己没有感动的事不可能去感动别人。（艾青《艾青诗选》）

赫拉克利特曾指出，事物无时无刻不向自己的对立面转化，矛盾的双方既相对立又相统一。例（84）中，网球名将格拉夫选择坐在媒体座位的最后一排以躲避媒体的采访。躲藏在最容易被媒体发现的地方，反而使媒体记者找不到他，因此“最危险的地方”和“最安全的地方”这一对矛盾体中，“危险”走向自己的对立面，并最终转化为自己的对立面，即“安全”，所以最危险的地方就是最安全的地方。例（85）中，作者意在说明，相恋的人分手后变成陌生人，是没有结局可言的。陌生人之间实际上不存在有结局还是没有结局的说法，“没有结局”是恋爱双方分手后最乐于接受的结局，因此是“最好的结局”。例（86）中，作者认为诗人“对一切都兴奋”是走极端。所谓“物极必反”，事物会向对立面转化并最终发生质变，实际上就相当于“对一切都不兴奋”，也就无法写出好诗。作者意在说明，诗人必须遵循自己的内心感受，才能写出感人的诗篇。

主谓式反义配置“X是非X”，通过变项中的极性对立，反映事物向对立面转化，揭示矛盾双方既对立又统一的道理，加强了言语表达的深刻性。

“X是非X”格式还通过“易位回环”的形式，说明“X”和“非X”之间语义关系的绝对等同。例如：

(87) 在文章最后，陈水扁看似“豁达”地写道，生就是死，死就是生，死而后生，苟活一甲子，人生已精彩，“死在狱中是上天的赐予，是命中注定”。(《环球时报》2012-08-30)

(88) 大官走了以后，书生就问僧人为什么待遇不同。僧人说：“敬是不敬，不敬是敬。”书生就照僧人脸上狠狠打了一耳光。僧人愤怒地抗议道：“你为什么打我？”书生说：“打是不打，不打是打。”(冯友兰《中国哲学简史》)

(89) 正如他自己曾提到的，“现实是非现实的，非现实的同时又是现实的——我想构筑这样的世界”。(苏静、江江《嗨，村上春树》)

例(87)中，言语使用者不单说“生就是死”，而是采用易位回环的形式，说明“生”与“死”的绝对等同。从主观上认为“生”和“死”没有任何区别。例(88)中，“敬是不敬，不敬是敬”说明僧人主观认为“敬”和“不敬”没有任何区别，是绝对的等同；“打是不打，不打是打”说明书生主观认为“打”和“不打”没有任何区别，是绝对的等同。例(89)中，“现实是非现实的，非现实的同时又是现实的”说明村上春树想要构筑的世界，是现实与非现实之间没有任何区别，绝对等同的世界。

3.2.2.2 X等于非X

“等于”和“是”一样，同样具有连接两个事物之间关系的作用。“等于”早先被频繁地使用于数学领域，表示某一数量与另一数量相等。“语言为适应交际的需要，会随着人、事、地、时的变化，引发一词多义的发生和发展。[①]”李快乐(2015)认为，“等于”在隐喻的过程中产生了“相当于”“意味着”和“是”的隐喻意义。“X等于非X”中的“等于”的意思是“相当于”，表示(数量、价值、条件、情形等)差不多或能够相抵[②]。主谓式反义配置“X等于非X”，其格式义为“X的效果(或后果)相当于非X”。言语使用者常使用该格式表达自身的观点和态度。例如：

① 蔡龙权. 隐喻化作为一词多义的理据[J]. 上海师范大学学报(哲学社会科学版)，2004(5).

② 中国社会科学院语言研究所词典编辑室. 现代汉语词典[M]. 6版. 北京：商务印书馆，2012：1419.

(90) 从实践上看，立法重要，执法更重要，立了法不执行等于无法。(北大语料库)

(91) 近年来，随着大学不断扩招，大学生数量成倍剧增，“毕业等于失业”的现实困扰着诸多大学生，与此同时，创业成为众多大学生的新选择。(《福建日报》2014-01-21)

(92) 采用这种方法，虽然在调动干部工作积极性方面起到一定作用，但基层干部感到压力很大，其负效应大于积极作用：一是责任状太多太滥等于无责任可言；二是助长干部对群众强迫命令之风；三是迫使干部讲假话、虚报浮夸。(北大语料库)

(93) 从十七世纪中叶直到十九世纪末，流行着极度宽大的衫裤，有一种四平八稳的沉着气象。领圈很低，有等于无。穿在外面的是“大袄”。(张爱玲《更衣记》)

例 (90) 中，立了法却不执行，导致法律没有起到作用，这就相当于没有法律，阐明执法的重要性。例 (91) 中，大学生数量成倍增加，学生毕业后找不到工作，这就相当于失业。作者通过“毕业等于失业”阐明大学生就业形势之严峻。例 (92) 中，乡镇干部立的责任状太多太滥，会导致追责困难，分不清哪个责任究竟该哪个干部负责。这样一来，立太多责任状的后果就相当于没有干部负责。作者阐述了“物极必反”的道理，意在说明采取立责任状的方式调动干部工作积极性的方法是不可取的。例 (93) 中，领圈很低，低到看起来不明显，有领圈的效果就相当于没有领圈。作者旨在描述该时期时装领圈的设计风格。

此外，“X 等于非 X”格式的运用反映了辩证性的主观思维，能够表现所指事物的表面与实质之间的冲突。例如：

(94) 现在我们有些文章动辄数千言，海阔天空，泛泛而谈，看似放之四海而皆准，实际上不着边际，不知所云。这种文章，写了等于没写，看了等于没看。(《江西日报》2012-02-12)

(95) 如果我选了你三哥，他与我交朋友后，还是见篮球多过见我，那么有男朋友等于没有男朋友。(岑凯伦《蜜糖儿》)

(96) 桂树虽不认识，但不等于没见过，而是多次见。不幸的是，每次见它都正值它繁花满树，离它很远，便被那馥郁却又清冽的香气所涤荡，到得树下，至多诧异地看一眼那香气之源的碎米粒般的小花，哪还记得它的树干和树叶有什么特征？于是，见过也等于没见过，再见，仍然茫

然，除非它正在开花。（北大语料库）

例（94）中，作者主观认为文章从表面上看是写了、看了，实质上内容空洞，没有思想，那么就相当于没有写、没有看。例（95）中的“我”主观认为从表面上看有男友，如果他见篮球多过见自己，那么就失去了作为男友的实质，就相当于没有男朋友。例（96）中，作者主观认为，自己确实多次见过桂树，但下次见仍然认不出桂树，实际上就相当于没有见过桂树。

总之，主谓式反义配置“X 等于非 X”格式的语义具有辩证性的特点，言语使用者通过故意制造矛盾，反映所指事物的表面与实质之间的冲突。该格式语义的理解依赖上下文语境，通常表达使用者的言外之意，因此具有推理性的特点。“X 等于非 X”中，“等于”的含义是“相当于”，其格式义为“X 的效果（或后果）相当于非 X”。

3.2.2.3 有一种 X 叫非 X

“有一种 X 叫非 X”格式的语义在主谓式反义配置中比较特殊。近年来，高再兰（2007）、吉益民（2011）、陈文博（2012）、肖青青（2012）、雷卿（2014）等学者已对“有一种 X 叫 Y”格式进行了较为全面的分析考察。

高再兰（2007）指出，“有一种 X 叫 Y”格式是“有”字连谓句的一类，即“有一种 X，（X）叫 Y”。常规用法中，“叫”有命名和分类两种用法，其含义分别为“名称是”和“是”。常规用法在使用过程中逐渐衍生出超越常规的用法，变项的任意性被一定的必然性取代，变项之间因此具有了推理性。其中相反、相对的关系是变项之间推理性关系中的一种。吉益民（2011）指出，“有一种 X 叫 Y”构式属于哲思型模态建构，构式中的模槽“X”和“Y”之间具有相反相成的关系，形式上悖反，语义上矛盾，表现出潜层次的辩证，富含哲理，具有设疑功能。该格式语境分布以文本标题居多，标题相关文本通过对事件或人物的报道阐明某个事理，文本标题是对文本内容及事理的精辟概括。肖青青（2012）指出，“有一种 X 叫 Y”格式的原本用法非常普遍，属于汉语小句的常规用法，例如：“有一种蔬菜叫萝卜”“有一种动物叫鼩鼱”。从语义关系上看，常规用法中的“X”和“Y”之间是包孕关系，即 Y∈X。反义配置格式“有一种 X 叫非 X”是“有一种 X 叫 Y”格式的流变用法，是突破常规的运用，变项之间是相反或相对的关系。陈文博（2012）认为，“有一种 X 叫 Y”是语法构式基于一定的修辞动因重加塑造而成的修辞构式。

词语在使用的过程中，意义可能会逐渐虚化，从一个具有实际意义的词变成一个功能性的词。句子在使用过程中的意义同样会虚化，从一个具有实际意义的句子变成修辞意义上的句子。“有一种 X 叫非 X”格式就是其中一种。“叫”不再表示命名和分类，意义有所虚化，格式的结构义逐渐变成修辞义，即“存在一种事物或现象 X，它是非 X”。表现所指事物或现象的极性对立，使语义具有潜层次的哲理，具有推理性。例如：

(97) 央视评论员杨禹则调侃，“微信今早大面积瘫痪。我和我微信上的小伙伴们不是惊呆了，而是失散了”。他说，“任何东西都难免有技术故障。这件事提醒我们，有一种习惯叫依赖，有一种服务叫控制，有一种拥有叫失去”。(《国际金融报》2013-07-23)

(98)《有一种痛苦叫我很幸福》(刘梦歌曲名)

(99) 有一种旅游叫足不出户，有一种交往叫一人独处。——题记(劳马《走遍世界》)

例 (97) 中，“拥有”和“失去”二者对立，引起读者根据上下文进行推理。很多人都在使用的“微信”出现大面积瘫痪而无法使用，本已拥有的东西很容易在不经意间失去，表现了一种辩证的哲理。例 (98) 中，“我很幸福”隐含着“快乐”的意思，作者却认为这是一种痛苦。例 (99) 中，“旅游”原本暗含着“户外旅行”的意思，与“足不出户”意义相反。“交流”一般暗含着“人与人互相接触”的意思，与“一人独处”的意义相反。表明有一种旅行的方式是不需要走出家门就能实现，有一种交往的方式是即使在一个人的情况下也能实现。根据以上情况做出推理，得出作者可能是指上网。

变项之间的意义冲突还体现在感情色彩方面。例如：

有一种自卑叫自信，有一种亲情叫绝情，有一种罪恶叫善良。

有一种真情叫欺骗，有一种获得叫失去，有一种无情叫有情。

有一种痛苦叫甜蜜，有一种保护叫破坏，有一种拥有叫失去。

以上例句中，变项之间都相互处在感情色彩的褒贬对立之中，这是其他主谓式反义配置所不具备的。

3.2.3　“X 不是 X”及变式的语义差异

马真 (2004) 指出，“我们必须注意不要将某个虚词所在的格式所具有的语法意义误认为是该虚词表示的语法意义，也必须注意不能误将在某个句法格式里出现的某个虚词的语法意义归到与之共现的另一个虚词头上”①。“X不是X”格式中“是”前面的否定副词“不”被称为焦点敏感算子。曾海清（2011）“X不是X”格式从逻辑上看是永假的，违反了语用原则中的质准则，即所说的话真实不虚假。该格式具有丰富的语用意义，下面分别展开分析。例如：

（100）“可是那个人不是人。”沙曼说的当然是宫九：“他是条毒蛇，是只狐狸，是个魔鬼。”（古龙《陆小凤传奇》）

（101）收入来自“日常经营活动”意味着非正常活动如出售固定资产等所得收入不属于“收入”要素，这是会计中一个十分不好理解的逻辑，即“营业外收入不是收入”。（北大语料库）

例（100），“那个人不是人”中我们暂且撇开否定副词“不”不论，即“那个人是人”。“是”强调对“人”的内涵意义的肯定判断。“那个人是人”强调那个人是人而不是别的什么，强调“人”的内涵意义，具有明显区别于其他事物的本质特征。“不”否定了“人”的内涵意义，“那个人不是人”的语用意义是指“那个人”失去了某些作为人的本质特征。同时我们根据上下文语境对言外之义进行推导，根据“他是条毒蛇，是只狐狸，是个魔鬼”推导出“那个人不是人”的语用意义是：那个人（宫九）失去了作为正常人的本质特征，即思想品德方面的特征，如真诚、善良等等。“X不是X”格式语用意义的一般理解步骤是：先否定事物的内涵意义（言内之意），结合上下文语境推导出语用意义（言外之意）。

例（101），“营业外收入不是收入”中我们暂且撇开否定副词“不”不论，即“营业外收入是收入”。“是”强调对“收入”的内涵意义的肯定判断。“营业外收入”就是一般意义上的收入，具有区别于其他收入的本质特征。“不”否定了“收入”的内涵意义，“营业外收入不是收入”的语用意义是指“营业外收入”失去了作为收入的本质特征。我们根据上下文语境对言外之意进行推导，根据“收入来自‘日常经营活动’意味着非正常活动如出售固定资产等所得收入不属于‘收入’要素”。推导出“营业外收入不是收入”的语用意义是：根据会计记账准则，日常经营活动中产生的收入才属于“收入”这个会计要素，出售固定资产等非正常经营活动

① 马真．现代汉语虚词研究方法论［M］．北京：商务印书馆，2001：64．

所产生的收入是营业外收入，“营业外收入”不属于“收入”要素。

刘云（2006）指出，对举在语义上的作用有三：一是加强对举项的语义，二是增加对举项的语义，三是使对举项的语义发生转移。对举的主谓式反义配置的语义也受到该语法手段的影响。

对举的“X 不是 X”的语用意义的理解过程与非对举的“X 不是 X”相同，通过先否定事物的内涵意义（即言内之意），并结合上下文语境推导出言外之意。例如：

（102）梁邦摇摇头，出了口长气，坐在炕沿边上自言自语地说：“干我这个差事，人不是人，鬼不是鬼，叫个什么！”……村里从有公开的抗日组织时起，他就是“青抗先”的一员。从被鬼子抓走，迫逼着进了警备队，他觉得自己像块沾染上墨迹的白绫子。（冯志《敌后武工队》）

（103）方太太：珍珠越长越大，心眼越多，胆子越大，破风筝是越来越宠着她。喝，她也打扮得像个女学生似的，偷偷地去看电影，新戏！家里来了客人，我教她招待招待，你看她那个劲啦味啦的，鼻子不是鼻子，眼睛不是眼睛！（老舍《方珍珠》）

（104）在这儿我先给读者提个醒：我这本书别当回忆录看，没几件事是真的，至多只是看上去像，谁当真谁傻。这就是一常规小说，第一人称和第三人称混用，爹不是爹，娘不是娘，朋友不是朋友，我不是我，谁要跟我三头六案对证，我是不认账的。（北大语料库）

例（102）中，“人不是人，鬼不是鬼”的语义指向“差事”。“人不是人”是对人所做的事情的内涵意义的否定，是指梁所做的事不是正常人应该做的。“鬼不是鬼”是指梁邦干的差事还没有鬼的内涵（即还没有像鬼那样做事）。根据上下文语境推导，“人不是人，鬼不是鬼”是指梁邦被鬼子抓进警备队工作，做了很多违心的事。

例（103）中，“鼻子不是鼻子，眼睛不是眼睛”语义指向“珍珠”。“鼻子不是鼻子”是指巧珍的鼻子失去了作为鼻子的内涵，变得不像正常人的鼻子。“眼睛不是眼睛”是指巧珍的眼睛失去了作为眼睛的内涵，变得不像正常人的眼睛。根据上下文语境推导，“鼻子不是鼻子，眼睛不是眼睛”是方太太对珍珠表现的评价，讽刺珍珠没有像正常人一样摆正姿态招待客人。例（103）与例（102）不同，“鼻子不是鼻子，眼睛不是眼睛”是被视为一个意义整体推导语用意义，并不是实指珍珠的鼻子和眼睛，而是作为一个整体虚指珍珠的行为表现。这说明对举能使语义发生转移。

例（104）是一个多项对举式，“爹不是爹，娘不是娘，朋友不是朋友，我不是我”是用来说明小说人称混用情况的，并非具体说明“爹、娘、朋友、我”这 4 个人称的混用情况，而是说明整部小说的称谓非常混乱。

以上列举的“X 不是 X”都是用来说明同一个对象的，还有多个“X 不是 X”对举说明不同的对象，例如：

（105）咱没门，这叫啥屋子呀！地不是地，炕不是炕，门不是门，窗不是窗，一脚都能踹塌了。（杨朔《三千里江山》）

例（105）中，分别否定了“地”“炕”“门”“窗”的内涵意义，说明这几样东西很不令人满意，它们作为一个整体说明这间屋子十分破败。

主谓式反义配置中，“X 不 X”与“X 不是 X”形式上的主要区别在于前者隐含了谓词，后者没有隐含谓词。“X 不 X”格式语义理解的步骤和“X 不是 X”格式一致，都是先否定事物“X”的内涵意义（言内之意），再结合上下文语境推导出语用意义（言外之意）。二者不同之处在于，“X 不 X”格式由于隐含了谓词，结合上下文语境推导语用意义的过程，是“发散性”的推理过程。言语接受者会根据上下文内容，在人脑中补全隐含的谓词，从而产生不同的理解结果。这说明该格式与其他主谓式反义配置格式相比，语义相对模糊。例如：

（106）为此，妻子也曾多次为钱与老公拌嘴吵架，特别是在春节时，被债主堵在家里要债，搞得他们家不家、年不年的，没有一点家的气氛。（人民网 2016-04-28）

（107）老人听见“王绝之”这名字，先是吓了一跳，继而呵呵大笑，“你这副狗不狗、鸡不鸡的鬼样子，居然冒充是王绝之，真是好不知丑！”（北语语料库）

（108）你看像我这样一个无用的人，文不文，武不武，商不商，革命不革命，又有什么用处？（王旭烽《茶人三部曲（上）》）

例（106）中，“家不家”可以理解为“家不像家”，表明现在的家和过去的家不同，时间上存在对比。同时也可以理解为“家不是家”表示主观判断。同理，“年不年”可以理解为“年不像年”，过年时被债主堵在家门口，不像是在过年。也可以理解为“年不是年”，做出主观判断，否定“年”的内涵。“家不家、年不年”的语用意义在于展现生活中的异常情况发生后，与正常情况之间的反差。例（107）中，“狗不狗、鸡不鸡”既可以当作“狗不像狗、鸡不像鸡”理解，也可以当作“狗不是狗、鸡不是鸡”理解。前者更侧重对外形“相似性”的否定，后者侧重于对内涵意义的直接否定。“狗不狗、鸡不鸡”隐含了谓词，使之具有更广的理解和想象空间，语义的理解过程是发散性的，可以从不同角度进行理解。本例中“狗不狗、鸡不鸡”的语义比较模糊，并不是在描述狗和鸡，而是借以讽刺他人。例（108）中，“文不文，武不武，商不商，革命不革命”的语义理解同样需要调动发散性的思维，可以理解为“不会写文章，不会武术，不会做生意，不去参加革命”，也可以理解为“不参加文字运动，不学习武术，不从事商业活动，不去闹革命”。可见，“文不文，武不武，商不商，革命不革命”的语义十分模糊，只能从宏观上把握其语用意义，即表明“我”没有一技之长，什么事都不想做也不会做。

“X 非 X”格式中，“非”在《现代汉语词典》中释义为“不是”，与“X 不是 X”意思基本相同。“X 非 X”则更具文言色彩，言语表达更加深沉含蓄，更多地在艺术体的言语作品中出现。

3.2.4　“X 的 Y，非 X”及变式的语义差异

“X 的 Y，非 X”格式的语义特点，是言语使用者先从客观视角认定某事物具有某种特征，继而又从主观视角否定该事物的这一特征。先肯定后否定，使前后具有转折关系。副词“并”用在否定词前面加强否定语气，强调事物不是一般所认为的那样。从逻辑角度看，该格式一般表示修正判断。首先对事物做出肯定判断，反映的一般是人们普遍的认知结果，接着采用事实加以否定、加以修正。该格式具有强烈的主观性，整体表现出一种逆转式的主观判断。该格式中，“X_1”和“X_2”从语表上看是相同的，从深层语义上看是不同的。例如：

（109）平静的汰不列湖并不平静。（周而复《在前沿阵地上》）

（110）叶光军一看，果然就是自己要找的老乡兼同学的杨一帆，看见杨一帆就像看到了希望，顿觉这个陌生的城市并不陌生起来。（白卯《城市边缘人的生活》）

（111）安峰山 1994 年通过首届国家公务员考试进入国务院台办，至今已在国台办工作 21 年。不过，这位长期在新闻局工作的国台办老人并不老，官方介绍称，安峰山 1970 年出生于河南许昌，1988 年就读于北京大学国际政治系，进入国台办前曾在北京大学工作。（《北京青年报》2015-10-29）

(112)“其实这个坏人并不坏，只是命运所迫，他也有很多的无奈”吴健坦言，在表演过程中自己已经“爱上”了这个坏人！（网易新闻 2013-07-15）

例（109）中，“平静$_1$”和“平静$_2$”看似相同，其实不同。作者先从客观视角认为“汰不列湖”具有“平静”的特征，继而从主观视角否定这一特征。“平静”是作者对汰不列湖自然特征的描述，“不平静”是指这里即将爆发大规模战斗，作者主观认为汰不列湖不平静。例（110）中，“陌生$_1$”是城市给叶光军的客观感受。由于见到了老乡心里高兴，主观心理上觉得这座城市不陌生。例（111）中，“老$_1$”和“老$_2$”看似相同，其实不同。从客观视角看，安峰山在国台办工作 21 年，“老人”是指工作时间长。从主观视角看，作者意在否定“老$_1$”，肯定“并不老”。“老$_1$”是指工作年限长，“老$_2$”是指实际年龄。“老人并不老”旨在说明在国台办工作 21 年的安峰山，实际年龄并不大。例（112）中，话语背景是演员吴健饰演一个坏人。“坏人并不坏”中的“坏人”是言语使用者从客观视角对该角色的评价，“不坏”是言语使用者主观认为他不坏，是命运逼迫所致。于是言语使用者做出“表面上坏，本心不坏”的主观判断。以上例句从信息结构角度看，前项是已知信息（旧信息），后项是新信息。言语使用者意图通过利用语义上的反转，凸显旧信息和新信息的内容，以实现信息的有效传递。

“X 的 Y，非 X”格式中，“X_1”是客观意义上的“X”，“X_2”是主观意义上的“X”。

“XY 非 X”是“X 的 Y，非 X”格式的紧缩变式，紧缩变式可以通过补全省略的部分还原为原格式。紧缩变式的形式更加简练，语义概括性更强，经常作为标题使用，具有很强的语境适应性。例如：

(113)《狂人不狂红魔不红》(《先锋报》2016-09-12)

(114)《疯子不疯》(渠风小说名)

(115)《情人无情》(《生活时报》2001-01-12)

(116)《傻瓜不傻》(韩七歌曲名)

(117)《狂人不狂孙宏斌》(《安家》2016 年第 7 期)

如例句所示，“XY 非 X”反义配置格式用作标题时，主语部分表示陈述说明的对象，谓语部分表示陈述说明的内容。该格式是一个判断性的命题，针对其所涉及的事件或人物进行描述解释，是对语篇内容的高度概括。

3.3　本章小结

主谓式反义配置中，“X 是非 X”及其变式有“X 是非 X”“X 等于非 X”“有一种 X 叫非 X”三种格式。“X 是非 X”和“X 等于非 X”是典型格式，“有一种 X 叫非 X”是特殊格式。其中，“X 是非 X”格式既有显性形式，也有隐性形式，能构成双项对举或多项对举。“X 等于非 X”格式只有显性形式，没有隐性形式。“有一种 X 叫非 X”格式只有隐性形式，没有显性形式。

常项“是”“等于”“叫”的前后两个变项“X”和“非 X”既可以是词，也可以是短语。“X”和“非 X”分别被配置在主语和宾语的位置上，功能都相当于名词。“X 是非 X”及其变式具有作为“句”的典型特征，是动词性谓语句，一般单独成句或作复句的分句。

主谓式反义配置“X 不是 X”及其变式有“X 不是 X”“X 不 X”“X 非 X”三种格式，这三种格式都是隐性形式，“X”一般是名词。

“X 不是 X”有非对举性的和对举性两种形式。其中，非对举性的“X 不是 X”一般单独成句或作复句的分句。对举性的“X 不是 X”通常作为一个整体充当句子成分或作分句，作独句的情况较少。

“X 不 X”是对举性的格式，在句中不可单独使用，必须两个或两个以上“X 不 X”连用。“X 不 X”与对举性的“X 不是 X”的句法功能基本相同，能充当主语、谓语、宾语、定语、补语或分句。

“X 非 X”既可以单用，也可以对举使用。

“X 的 Y，非 X”格式比较特殊，反义关系实际发生在小句中的定语和谓语之间，一般作独句或分句。该格式还有紧缩变式“XY 非 X”。

主谓式反义配置中的某些形式体现出语表趋简的特点，具体途径有：

①成分扣合：“有一种 X 叫非 X”结构是兼语句，是由“有一种 X，X 叫非 X”中作为谓语的“X”和作为主语的“X”扣合而成。

②谓词隐匿：“X 不 X”格式中，“X”和“不 X”中间隐含了谓词。相比之下，“X 不是 X”和“X 非 X”格式没有隐含谓词。

③结构移变：“X 的 Y，非 X”格式简化后，变为更加简单的“XY 非 X”结构。

主谓式反义配置同时违背了形式逻辑规律中的矛盾律和同一律，又巧妙地利用了对这两种规律的违反，使言语表达具有辩证性。

“X 是非 X”及其变式属于哲思型格式，言语使用者通过主动营造主语和谓语之间意义的相反或相对来揭示客观世界中的事物或规律的本质，表示对事物或规律的主观辩证判断，思想深刻，耐人寻味。“X 是非 X”格式中的两个变项中常使用极性修饰语，通过主语和谓语之间的极性对立，反映互相矛盾的事物能够向对立面转化，从而揭示矛盾双方既对立又统一的道理，加强了言语表达的深刻性。“X 等于非 X”的格式义是“X 的效果（或后果）相当于非 X”。该格式的运用反映了辩证性的主观思维，能够表现所指事物的表面与实质之间的冲突。该格式语义的理解依赖上下文语境，表达出言语使用者的言外之意，因此具有推理性。“有一种 X 叫非 X”是“有一种 X 叫 Y”的流变用法，是突破常规的运用，变项之间是相反或相对的关系。其中“叫”的意义有所虚化，不再表示命名和分类。“有一种 X 叫非 X”的格式义是“存在一种事物或现象 X，它是非 X”，表现所指事物或现象的极性对立，使语义暗含潜层次的哲理。与“X 等于非 X”一样，该格式的语义具有推理性。

“X 不是 X”及其变式具有丰富的语用意义，一般理解步骤是：先否定事物的内涵意义（言内之意），然后结合上下文语境推导出语用意义（言外之意）。“X 不 X”格式与“X 不是 X”格式在形式上的主要区别在于前者隐含了谓词，后者没有隐含谓词。“X 不 X”格式的语义推理过程是发散性的。言语接受者会根据上下文内容，在人脑中补全隐含的谓词，从而产生不同的理解结果。这说明该格式与其他主谓式反义配置格式相比，语义相对模糊。“X 非 X”格式与“X 不是 X”格式意思基本相同，“X 非 X”格式更具文言色彩，言语表达更加深沉含蓄，更多地在艺术体的言语作品中出现。

“X 的 Y，非 X”及其变式的表义特点，是言语使用者先从客观视角认定某事物具有某种特征，继而又从主观视角否定该事物的这一特征。该格式具有强烈的主观性，整体表现出一种逆转式的主观判断。其中，“X”是客观视角中的“X”，“非 X”是主观视角中的“非 X”。

第四章　偏正式反义配置

偏正式反义配置，是指在一个偏正结构中，将意义相反或相对的两个语言单位分别配置在修饰语和中心语的位置上，从而形成看似矛盾对立、实则和谐隽永的言语运用现象。

从语义关系看，两个反义成分之间是修饰和被修饰关系。偏正式反义配置共有三类，其中“偏”在前，“正”在后的反义配置，我们称之为“定心式反义配置”和“状心式反义配置”；“正”在前，“偏”在后的反义配置，我们称之为“心补式反义配置”。从成句能力看，偏正式反义配置弱于主谓式反义配置。从结构上看，偏正式反义配置通常是短语，是短语级的反义配置，或者叫作反义配置短语。偏正式反义配置是言语使用者为了实现特定的表达效果，刻意将两个意思相反或相对的语言单位组合在一起形成的一种超越常规的组合方式，因此偏正式反义配置也能叫作“反义超常组合”。

4.1　语表形式

偏正式反义配置是所有反义配置中形式最丰富、使用范围最广的一类。我们在将偏正式反义配置分为定心式、状心式、心补式三大类的基础上，根据结构标记和性质划分出多种格式，并对其形式特点进行考察。

4.1.1　定心式反义配置

定心配置，是指将小句构件配置成为“定语＋带定心语”的结构。从结构上讲，带定心语可以是词或短语。最典型的带定心语是名词，但带定心语并不只限于名词或由名词构成的短语。

定心式反义配置，是在一个定心短语中，将意义相反或相对的语言单位分别配置在定语和中心语的位置上，从而形成语表看似矛盾对立，语里实际和谐隽永的言语运用现象。定语和带定心语既可以是词，也可以是短语。偏正式反义配置中，定心式反义配置是最常见、形式最丰富的一类，其语表形式与常规的定心短语语表形式既有一定的联系，也有显著的区别。

根据形式标记和组合性质的特点，我们将定心式反义配置分为三类，分别是“非X的X”“X（方）的非X”和“X的Y”①。

定心式反义配置在句中的功能相当于名词，因此它在句中主要充当宾语，也能作主语、定语、状语、补语或独句。

4.1.1.1 非X的X

“非X的X”格式的语表形式特点是：“非X”和“X”被分别配置在定语和中心语的位置上，“非X”作为定语修饰限定作为中心语的“X”。“非X”中的“非”通常是“没有”“不是”“不”。根据否定标记，我们将该格式细分为“没有X的X”“不是X的X”“不X的X”和“非X的XN”四个小类。该格式只有显性形式。

（一）没有X的X

“没有X的X”格式的否定标记词包括“没有”“没”“无”，在大多数情况下，否定词是“没有”。其中，“X”都是名词，相当于“没有N的N”。语料显示，该格式的基本句法功能是充当宾语，也可以作主语、定语或独句。例如：

（1）张全义，你就会这样，就会这样。你懦弱得像只兔子，就会想这些“没有办法的办法”。你当初为什么不听玉英的，勇敢地向全家宣布你的情感？既然是懦夫，又何必接着爱下去？何必制造一个新的，你更没有胆量宣布的事实？……没有办法的办法？你还好意思对玉英说这样的话？哪一个女人愿意把自己的一生托付给一个只会说“没有办法的办法”的男人！（陈建功《皇城根》）

（2）刘彻会选窦婴来当这个丞相其实也是没有选择的选择，至少比起声望小的舅舅田蚡，窦婴地威望要高很多。（北语语料库）

（3）一百对夫妇中可能有一对没有问题，而这没有问题的问题是，这对特殊的夫妇中必定有一个是故去的，所以才会没有问题。（皮皮《渴望激情》）

---

① “X（方）的非X”中的“（方）”是指方位后置词。

有时，否定标记词是“没”，通常是“没有”中的“有”省略的结果。例如：

（4）自己印的书虽然遗漏甚多，错误百出，却也聊胜于无。那时，这招儿也确是没办法的办法。（《厦门日报》2004-08-21）

（5）《对“没意见”的意见》（刘佳洋，载《档案时空》2000年第4期）

（6）他给女儿起了个小名儿叫“瓦罐儿”，这名字是没讲究的讲究。（苗长水《冬天和夏天的区别》）

有时，否定标记词是“无”，根据否定程度的不同，有“无”“绝无”“毫无”等，标记词“的”有时可替换为“之”。例如：

（7）《某个中午无意义之意义》（老四，载《人民文学》2014年第7期）

（8）我们不用那些观想的方法，我们只用心念耳闻的方法，倾听心念咒的无声之声，用耳把意根摄住，妄念就不动了。（元音老人《佛法修正心要》）

（9）辛开林回忆起这件事来，说这一个多小时，是他的一生之中，最感彷徨的时刻，怀着一个不可测的，心中认为是绝无希望的希望，盼望着奇迹的出现。（倪匡《心变》）

（10）只见他正在用“淡淡然”的表情（即毫无表情的表情）对着校花那红苹果般可爱的脸蛋。（高飞浪《这是爱》）

（二）不是X的X

“不是X的X”格式中，“X”都是名词，相当于“不是N的N”。语料显示，该格式的基本句法功能是充当宾语，也可以作主语、定语或独句。例如：

（11）萧湘的出现让大家同时安静下来，等待着这个不是女主人的女主人发话。（Erus《如果我是假的》）

（12）行前，叶剑英、徐向前、聂荣臻三位元帅将罗舜初等一批人召集一起，作了一次集体谈话，算是对几年来不是问题的问题的一个了结。（北大语料库）

（13）我不明白，时尚界，为什么要拼命制造那些像干柴骷髅一样，没有生命，没有性，没有水分，失去了女人最本质东西，不是女人的女人？（惠雁《本色》）

（14）《不是日记的日记》（杨沫著）

该格式中，定语部分由“不+是+N”组成，动词“是”可以根据表达需要替换为“合乎”“成”“像”等其他动词。例如：

（15）谁都知道他是好人，可是又有一种不合逻辑的逻辑——不敢反抗日本人，又不甘毫无表示，所以只好拿李老人杀气！（老舍《四世同堂》）

（16）《不成问题的问题》（2016年梅峰导演电影名）

（17）有这么无耻、这么不要脸的吗？算了，老子忍了！许士进脸上挤出不像笑容的笑容，伸手一引："蔡公子请。"（北语语料库）

（18）室中，在靠窗的那张矮榻上，坐着一个简直不像人的人，他双手俱失，只剩下光秃秃的两节臂肘，断腋处已经结成了紫点斑斑的疤痕，他全身瘦得的确是皮包了骨。（柳残阳《枭中雄》）

有时，前项中的“X”受到含否定标记“不”的心补短语修饰。例如：

（19）“不表演的表演，看不出导演的导演，不像戏的戏”，在排练过程中，林兆华制定了这样几点宗旨。（《北京晚报》2012-06-11）

（20）大学生去搞什么擦鞋店，那一定是后者，肯定是没办法的办法，找不到工作的工作。（北语语料库）

（21）石家庄安居园四号楼楼长马秋果：闲不住的“闲人”（河北新闻网 2016-05-17）

（三）不X的X

“不X的X”格式中，否定标记词是“不”。“X”可以是名词、动词或形容词。语料显示，该格式的基本句法功能是充当宾语，也可以作独句。例如：

（22）节目中，胡可瑜爆料赵津生是最不男人的男人，裁剪衣服、织毛衣、做饭样样在行。（天视网 2015-10-08）

（23）我追求的是不表演的表演，是生活而不是演戏。（姚忠礼《啊，明星》）

（24）就像小男孩的“狗剩”“蝇头儿”之类的名字一样，是不金贵的金贵。（苗长水《冬天与夏天的区别》）

（25）《不标准的“标准”》（杨东鲁，载《公关世界月刊》1995年第12期）

（26）《“不科学”的“科学”究竟是什么词》（王如霖，载《中国语文》1958年第3期）

（27）人类每年要花费那么多金钱去饮酒，人冒着上绞刑架的危险去吸毒，……不就是要突破一下患了硬皮病的生活现实，受用一下不可能的可能吗？（王蒙《郑重的故事》）

例（22）中，“男人”是名词。例（23）中，“表演”是动词。例（24）中，“金贵”是形容词。其中不乏兼类词，如例（25）中的“标准”、例（26）中的“科学”、例（27）中的“可能”。

（四）非X的XN

“非X的XN”格式的中心语是“XN”，“N”受“X”修饰，作为中心语的“XN”作为一个整体受“非X”修饰，是名词性短语。该格式对否定词的选择比较灵活，主要有“不”“无”“非”“没有”。语料显示，该格式的基本句法功能是充当宾语，也可以作独句。例如：

（28）《发放不健康的“健康证”，冷水滩区11人受处分》（永州市人民政府网 2016-11-16）

（29）鞭毛虫类里的一些小家伙搞出了一种excited的生殖方式，被有的学者称为“无性的性行为”。（河森堡《我们为什么要放弃永生》）

（30）《人人时代：无组织的组织力量》（Clay Shirky著，胡泳、沈满琳译）

（31）这种无奈，透露出制度上的缺陷，是在当前制度下的理性选择，反映了当前的制度必然产生非理性的结局，是“非理性的理性选择”，陷入“囚徒困境”。（《上海证券报》2009-04-01）

（32）一九九三年十一月，拉什迪和其他一些作家在法国斯特拉斯堡庄严宣布成立作家国际议会——一个高于世俗政权而又没有神的神圣同盟。（陆建德《文人无名》）

（33）茹志鹃就是紧跟孙犁的一位作家，在《百合花》中唱出了“一曲没有爱情的爱情牧歌”。（北语语料库）

其中“XN”结合得较紧密，有时是相对固定的短语，如例（28）中的“健康证”和例（29）中的“性行为”，结构相对固定。有时是临时组合的短语，如例（30）中的“组织力量”、例（31）中的“理性选择”、例（32）中的“神圣同盟”、例（33）中的“爱情牧歌”，结构相对松散。

“非X的X”格式类型下的所有格式都是名词性的。其中“X”在绝大多数情况下是名词。张伯江（2009）曾分析了不同类型名词的施事性的强弱，将名词的特征分为8类，分别是：具体性、可移动、生物性、有意愿、有生命、有理性、叙述者、自动力。“非X的X”格式中所有的名词都不具备上述特征中的任何一个，说明“非X的X”格式类型下的所有格式的施事性较弱。沈家煊（1999）曾指出，主语和施事、宾语和受事都是无标记的组合。因此“非X的X”格式具有弱施事性、强受事性，因此其基本句法功能是充当宾语。“非X的X”格式是定心短语，若充当定语，会得到一个更长的定心短语，会使句子显得不自然。特别是“非X的XN”格式，没有充当定语的情况。再者，“非X的X”格式多用于艺术体和标题，是排斥长句的。因此，“非X的X”作定语的情况很少。

4.1.1.2　X（方）的非X

“X（方）的非X”格式的语表形式特点是：“X（方）”和“非X”被分别配置在定语和中心语的位置上。定语部分中的“X”与后置的方位词组合，构成方位短语。语料显示，方位词通常是后置的空间方位词“中”或“里”，否定词通常是“不”或“非”，方位词有时可以隐去。该格式中既有显性形式，也有隐性形式。该格式的基本句法功能是充当宾语，也能独立使用。例如：

（34）今天，波麦兰采夫胡同看上去仍是那么平平常常，但听过这段传奇故事的行人都会放慢脚步，久久环顾，从中寻味着平常中的不平常。（北大语料库）

（35）赢了球，在记者招待会上，教练马元安还专门谈到满意中的不满意。（北大语料库）

（36）这些字中，平衡的原则遭到一定程度的破坏，看似不平衡了；其实，这是超越平衡与对称的不平衡与不对称，是平衡中的不平衡，对称中的不对称。（北大语料库）

有时，“非X”在前，“X”在后，例如：

（37）天民党作为政坛的权力核心，每次政府危机几乎是“换汤不换药”，因此虽然政府危机频仍，但其内外政策受影响不大，被称为“不稳定中的稳定”。（北大语料库）

（38）事实上，你只要能发现自己的独特及你不完美中的完美之处，开始懂得赏识自己，你将从生活、工作、家庭、婚姻、亲子、人际挫败的情绪中，找回自我的信心及价值。（卢苏伟《从白痴到天才的真实经历》）

（39）要说自然是面子和芯子两全为好，也就是圆满的意思了，可入的条件都是有定数，倘若定数只能面也凑合，里也凑合，还不如盖下一边，要个满满的半边，也是不圆满里的圆满。（王安忆《长恨歌》）

有时，定语中的方位词可以隐去。例如：

（40）契诃夫对这种“没有事件发生的日常生活”的感觉特别细腻，能看到“隐秘的寻常，并且同时看到寻常的不寻常”。（北语语料库）

（41）萨特对死亡的理解与海德格尔不同，他认为死亡是一切可能的不可能，是对一切选择的否定。（北语语料库）

（42）《理性的非理性》（郑毓煌、苏丹著）

（43）因此指腹为婚，童养媳，换婚，兄终弟及等都是不得已而为之的事，是合理的不合理或不合理的合理。但这终究是违反人权的事。（北大语料库）

以上属于“X（方）的非X”格式的显性形式，除此之外还有隐性形式。例如：

（44）尤其司马茜这贱人，她竟然忘了她的身份，无视于我这个未婚夫，在洛阳酒店里，她公然辱骂我是男人中的女人，很好，我就当女人，玩阴的，我要你跪在地下求我，变成一只乞怜的母狗。（陈青云《天涯浪子》）

（45）我对人生的策略却一窍不通，既不会阿谀奉承，趋炎附势，也不屑于请客送礼，行贿纳贡，脸不够厚，心不够黑，书生意气太浓，以至于沦落街头，卖肉为生，这也是偶然之中的必然。（陆步轩《屠夫看世界》）

（46）这是阶级性。这是冬天里的春天。这是人间的春风。这是生命的源泉。（毕飞宇《那个夏季，那个秋天》）

（47）《黑色里的白色，白色里的黑色》（刘以鬯小说名）

4.1.1.3　X的Y

“X的Y”格式是定心式反义配置中组合形式最丰富，最常用的一类[①]。其语表形式特点是：“X”和“Y”被分别配置在定语和中心语的位置上，它们既可以是词，也可以是短语。该格式只有隐性形式。为了更直

① 我们将该格式命名为“X的Y”而不是“X的非X”，是因为该格式只有隐性形式，以便将该格式与定心式反义配置中的其他格式显著地区分。

观地展现“X的Y”格式的丰富性，我们将该格式按组合性质细分为若干小类。

①形形组合的AP+的+AP格式

(48) 这种“文明的野蛮”绝不单单福特独有。美国数百万工人已因他们的体格不适于在传送带前工作而失业。(《厦门日报》1951-07-27)

(49) 他这种平凡的伟大，没有什么惊人之处，就是一个“真”字。(季羡林《季羡林文集》)

(50) 常德诗人要以更加宽阔的境界，面向无边界的诗歌视野，加强诗歌分析、研究、评论和诗艺探求，在热烈的冷静中，沉下心来锤炼诗歌品质，挑战难度写作。(杨亚杰《带着家园行走——素描龚道国和他的诗》)

(51) 书记和乡长两个人你一言我一语，把各方面事情讲得乱七八糟的有条有理，我也听得有条有理的乱七八糟。(张宇《家丑》)

②动形组合的VP+的+AP格式

(52) 谁能够料到，时隔半月，我竟然又重新捡拾起那个失落的传说。破碎的完整，完整的破碎。(付秀莹《秋到上林湖》)

(53) 为了胜利的失败，从平静
立柱下降的建筑工，
三千万失业者中的失业者个体，
行走在人群中，在足跟上被描绘的跳动！(《巴列霍诗选》)

(54) 我找了半天形容词来总结这个院子，没得逞。偶尔听到一个意大利人的用词，“有组织的杂乱”，贴切。(冯唐《翻译〈飞鸟集〉的二十一个刹那》)

(55) 飘逸的庸俗。洞察一切的愚昧。(戴厚英《人啊，人》)

③形名组合的AP+的+NP格式

(56) 所以，她的身世之谜虽然是公开的秘密，人人皆知，但事实上，她并没有因此而受到严重的歧视，她自己，也没有因此而觉着比别人不幸。(王安忆《逃之夭夭》)

(57) 这个女体很是奇妙。以黑色为主体，投下了白色的阴影。(严歌苓《惠子物语》)

(58) 我感到奇怪，就快速翻阅，结果印在书页上的文字全部掉了下来，剩下了空旷的纸页。掉下的文字落在了地上，像是一层黑色的雪花。

（大解《傻子预言》）

(59) 所谓名著，是已经被证明了的我们全人类共同的文化遗产，它里面丰富的内涵可以增强我们的人文底蕴，健全我们的人格，使我们不至于成为“文明的野蛮人”。（北大语料库）

(60)《富有的穷教授——记我国土壤学专家侯光炯》（载《瞭望》1993 年第 4 期）

④形名组合的 AP＋NP 格式

(61) 在闺女们群中唯有大爷家的凤姑和二爷家的二翠姑俩人能装病偷懒耍尖，小妯娌们背里骂她俩是小婆婆、姑奶奶，却奈何不得。（蒋玉川《梦入凤仙楼》）

(62) 其实，都到晚年了，如果他们不是还像孩子那样斗气，没准会走到一起的……可他们实在是大孩子呀。（刁斗《爱情是怎样制造出来的》）

(63) 这四条女汉子对严慰冰仅差开膛破肚的搜查，使她被侮辱得想哭，想喊，想骂人！（北大语料库）

(64) 十三岁的他已经长得像个小大人；他跟着他爹爹下田，插秧，拔草收割，打杂，他已经成为一个有用的角色。（唐海《臧大咬子传》）

(65) 人家跟他说话，他光知道点头，一点儿也不明白人家说的是什么。他成了活死人。（老舍《鼓书艺人》）

⑤动名组合的 VP＋的＋NP 格式

(66) 他也许是最关心梅的人，然而在他跟她中间有许多无形的栅栏（至少在他看来是有的），他们只能远远地互相望着，交换一些无声的语言。（巴金《家》）

(67) 二月是生命的季节
拒绝羞涩，是燃烧的雪
泛滥的开始
野性的风，吹动峡谷的号角（吉狄马加《我，雪豹……——献给乔治·夏勒》）

(68)《无名的名山》（吕运斌著）

(69) 制造醒着的梦——论产品、品牌和名牌的消费心理变化（周晓光《中国名牌》）

⑥名名组合的 NP＋的＋NP 格式

（70）木器的钉子自会松动。

后院的栀子花每年春天都在呼唤。

我们终于听见了寂静的声音。（草树《回归》）

（71）青年人的笑声使风、雨雪都停止了，城市的上空是夜晚的太阳。（王蒙《风筝飘带》）

（72）人们是否清醒地意识到自己存在的虚无性呢？否。在帕斯卡尔看来，世人们千方百计回避这个问题，千方百计逃避自己。（北大语料库）

（73）18岁的任惠民厌倦了这个家，竟辍学出走，成为社会上一名父母双全的孤儿。（褚庆喜《一个囚徒》）

（74）别看她那么温柔地使用语气助词，其实呢？这个老年版的芭比娃娃是一个女霸王。（周晓枫《独唱》）

⑦名名组合的NP＋NP格式

（75）在这一系列讲座中，唐恩还引入了另外一个非常经典的精神病术语——“白痴天才”（idiot savant）。唐恩认为，这些人是“普通智能低下，但却有着非凡技能的孩子”。（心理圈2014-06-04）

（76）诺敏汉蒙英语都很棒，人也豪爽，马技高超。聪明有见识，放中原是块大料，全被她那狗熊英雄给误了。（何不为《寻找未被污染的云彩》）

（77）《匹夫英雄》（张孝正导演电视剧）

（78）鲁迅笔下的美女蛇产生了一种毛骨悚然又神秘吸引的感觉，尤其是月亮在白云间穿梭、虫鸣不已的秋季。（《京华时报》2015-10-13）

（79）《魔鬼天使》（傅立执导电影名）

⑧形动组合的AP＋的＋VP格式

（80）断断续续的银河展示有限的无穷。（金克木《寄所思·晨星》）

（81）残酒如迷，晨光照进大床

姑娘从梦语中醒来

回味你的体温，真实的虚构（方石英《致梁健》）

⑨动动组合的VP＋的＋VP格式

（82）楼一捏便是粉末，与其说是烂尾的极端化呈现，不如说是一种无声的控诉，以及一记意味深长的警钟。（《华西都市报》2012-10-25）

（83）我与你每次生命的相遇，都是一场无声的长谈。（叶丽隽《歧途夜听雨》）

（84）一往无前的退缩。没有追求的爱情。没有爱情的幸福。（戴厚英《人啊，人》）

⑩名动组合的 NP＋（的）＋VP 格式

（85）我们应该坚持“保护第一，开发第二”的原则，防止建设性的破坏，或是破坏性的建设。（北语语料库）

（86）《“破坏式保护”是对文物的二次伤害》（央视网 2016-09-22）

（87）新北京的安全度更在于新建设项目中潜在事故隐患的去除，避免建设性破坏。（金磊《中国城市安全警告》）

我们在此例举了定心式反义配置中“X 的 Y”格式常见的组合形式，包括形形组合、动形组合、形名组合、动名组合、名名组合、形动组合、动动组合、名动组合，唯独没有名形组合。这表明该格式下的定心式反义配置具有较大的任意性。其中，形名组合、名名组合、名动组合中有的带“的”有的不带“的”。所有组合入句后，功能都相当于名词。

另外，多个定心式反义配置可以构成排比。例如：

（88）啊，沉重的轻浮，严肃的狂妄，整齐的混乱，铅铸的羽毛，光明的烟雾，寒冷的火焰，憔悴的健康，永远觉醒的睡眠，否定的存在！（莎士比亚《罗密欧与朱丽叶》曹禺译）

（89）我们是胜利的失败者，又是失败的胜利者，是儒雅的俗人，又是庸俗的雅人。我们以前辈的方式说话，但本质上却没有力量超出生存者的境界。（阎真《沧浪之水》）

（90）她的眼睛里包含着一种带有强烈吸引力的拒绝，一种极其炽热的冷漠，一种怜悯的责怪，一种爱的恨。（张贤亮《河的子孙》）

4.1.2　状心式反义配置

状心配置，是指将小句构件配置成为“状语＋带状心语”的结构。从结构上讲，带状心语既可以是词，也可以是短语。从性质上讲，带状心语可以是动词或动词性短语，也可以是形容词或形容词短语。从成句能力看，状心配置弱于主谓配置和动宾配置，一般用来充当句子成分。

状心式反义配置，是在一个状心短语中，将意义相反或相对的语言成分分别配置在状语和中心语的位置上，从而形成看似矛盾对立，实则和谐隽永的言语运用现象。状语和带状心语既可以是词，也可以是短语。一般情况下，要在状语后带上附着成分“地”或“着”。状语和带状心语中间的 de 通常写作“地”，也可以写作“的”，形成“状〈地（的）〉心”格局。状心式反义配置一般以动词和形容词为核心构件，属于谓词性短语。常规状心配置中有时会以数量词、名词或数量名结构为核心构件，但状心式反义配置中不会出现这些情况。

状心式反义配置与状心配置的性质存在较大区别。通常情况下，状心配置的带状心语可以是动词或动词性短语，也可以是形容词或形容词性短语。但就目前掌握的语料看，状心式反义配置的带状心语只有动词或动词性短语。

状心式反义配置只有隐性形式，缺乏明显的形式标记。因此，我们将处于短语中间位置的附着成分“地（的）”和“着”作为形式标记，将状心反义配置分为“X 地/的非 X”和“X 着非 X”两种格式。

目前收集的语料显示，状心式反义配置的使用量明显少于主谓式反义配置和定心式反义配置。原因在于意义相反或相对的语言单位被配置为状心结构后，使用方面多受限制。状心反义配置主要的句法功能是充当谓语，有时充当主语、宾语、补语或独立使用。

（一）X 地/的非 X

“X 地/的非 X”格式中，“X”和“非 X”既可以是词，也可以是短语。从组合性质看，该格式的状语部分既可以是形容词或形容词短语，也可以是动词或动词短语，而带状心语部分一般是动词或动词短语，相当于“AP/VP＋地/的＋VP”格式。例如：

（91）他指着餐桌上的一盘菜说个不停，说这道菜不如他老婆做得好吃，说他老婆炒这菜时只放几滴油，然后多放肉，用肉来炒菜，特别香特别好吃。听着他一本正经地“胡说八道”，大家哄堂大笑起来。（《齐鲁晚报》2012-11-19）

（92）馆内一件件珍贵实物、一幅幅历史照片、一个个鲜活的场景和真实的故事，无声地诉说着先烈们英勇无畏的革命气概、矢志不渝的理想信念和廉洁奉公的高尚品格。（人民网 2016-11-29）

（93）睡一样地醒着，醒一样地睡着，嘻嘻我这一生，是个美的梦魇。
歇一样地干着，干一样地歇着，反正地球旋转，总不会拉下我。
哭一样地笑着，笑一样地哭着，从来没体味过，真的痛苦欢乐。
（项汝平《一种哲学》）

（94）设若不吃迷叶而能一样的活着，合理的活着，哪怕是十天半个

月呢，我便只活十天半个月也好，半死的活着，就是能活一万八千年我也不甘心。（老舍《猫城记》）

（95）我们不这样，我们知道谎的可贵，与谎的难能，所以我们诚实的扯谎，艺术的运用谎言，我们组织说谎会，为的是研究它的技巧，与宣传它的好处。（老舍《不说谎的人》）

（二）X着非X

“X着非X”格式中，“X”和“非X”都是动词或动词短语，附着成分“着”位于短语中间。从组合性质看，相当于“VP＋着＋VP”格式。例如：

（96）母亲看着女儿坚毅的眼神，最终屈服在她的眼泪下，答应由她凭借自己的成绩填报志愿，她搂着母亲笑着哭泣。（北语语料库）

（97）《倒退着前进》（《意林文汇》2014年第24期）

（98）我有能力，帮狱里做点事情。他们也没必要再饿我了，我该吃就吃，该喝就喝。跟死亡就差一步的路，我叫它“活着死”，到了底儿了，有嘛放不开？（冯骥才《一百个人的十年》）

（99）在我国政府及人民银行看来，虽然中国不会爆发大规模的金融动荡，但潜藏的金融风险仍不可轻视，防范和化解金融风险需要“睁着眼睛睡觉”。（北语语料库）

（100）我们最终需要的人才是专长于一类的，当然我们也要有各科的基础，不能从小学一年级就专攻什么，为直达目的扔掉一切，这就仿佛准备要去公共浴室洗澡而出门就一丝不挂；……所以，现在的教育问题是没有人会一丝不挂去洗澡，但太多人正穿着棉袄洗澡。（韩寒《穿着棉袄洗澡》）

4.1.3 心补式反义配置

心补配置，是指将小句构件配置成为“带补心语＋补语”的结构。从成句能力看，心补配置弱于主谓配置，但强于定心配置和状心配置。带补心语既可以是词，也可以是短语。从性质上讲，带补心语可以是形容词或形容词短语，也可以是动词或动词短语。“得”可以看作补语的语法标志。

心补式反义配置，是在一个心补短语中，将意义相反或相对的语言单位分别配置在中心语和补语的位置上，从而形成看似矛盾对立、实则和谐隽永的言语运用现象。其中，心语和补语之间必然出现“得”（de），形成“心〈得〉补”格式。“得”是心补式反义配置的标记，其标记格式只有一种，即“X得非X”。该格式既有显性形式，也有隐性形式，其中显性形式出现的情况较少。

根据《现代汉语八百词》中关于“得”的用法，“得”连接表示程度或结果的补语。心补式反义配置的组合性质符合其中的前三类，分别是：①动/形+得+形；②动/形+得+动；③动/形+得+小句。心补式反义配置在语言运用中很少出现，变化情况也较少。根据中心语的性质，我们将心补式反义配置分为形补式和动补式两类。

（一）形补式

例如：

（101）臭得香（火锅连锁店名）

（102）《丑得漂亮》（许志安歌曲名）

（103）花金子：不怎么，我在家里偷人养汉，美得难受。（曹禺《原野》）

（104）你真糊涂得明白，明白得糊涂呀！（张宗正《理论修辞学》）

（105）弯月长得美极了，美得不像个人了。（乔典运《小城今天有话说》）

（106）为反常的效果费尽心机，
每一个形式都要求光洁、完美；
“这就是生活”，但违背自然的规律，
尽管演员狡猾得毫不狡猾。（穆旦《演出》）

（107）扬州的夏日，好处大半便在水上——有人称为“瘦西湖”，这个名字真是太“瘦”了，假西湖之名以行，“雅得这样俗”，老实说，我是不喜欢的。（朱自清《扬州的夏日》）

（108）徐立饰演的宋晓慈是个衣食无忧的豪门美少妇，脾气暴躁、个性跋扈，是都市中“穷得只剩钱”的典型代表。（人民网 2013-12-10）

（109）秦老师是四马巷最后一个搬来的，从第一眼，他就发现这个瘦高近视的中年人与本巷的老少爷们儿有着质的不同……虽然清贫，但是清贫得让人觉得富有，哪怕一颦一笑，一举手一抬足，也是风度十足的。（马铭《陋巷》）

（二）动补式

例如：

(110)《爱得恨了》(王亦旧《道是无晴却有情》)

(111) 空白的五线纸一拿在手上，李鸣觉得精力集中得全分散了，怎么也不能思考。(刘索拉《你别无选择》)

另外，心补式反义配置也有排比连用的情况。例如：

(112) 京官穷得如此之阔，外官贪得如此之廉，鸦片断得如此之多，私铸禁得如此之广，武官败得如此之胜，大吏私得如此之公。(小石道人《嘻谈初录》)

4.2 语里意义

4.2.1 定心式反义配置的语义

4.2.1.1 定心式反义配置的语义类型

根据语义的配置关系，定心短语中定语的作用是修饰或限制中心语的，构成定语与中心语的词或短语在语义上应该是相互协调，保持一致的。然而定心式反义配置突破了语义选择限制，语义组合的随意性较大，造成理解困难。我们需要综合语言单位在特定语境中的语义特征，并提取相关论域，才能准确理解和掌握定心式反义配置的语义。

我们根据定心式反义配置中意义相反或相对的语言单位之间的关系，将定心式反义配置的语义分为三类，分别是：①事物的表象与实质相结合。②事物之间对立特征相融合。③限定事物部分特征。

表象与实质相结合，是指作为定语的语言单位和作为心语的语言单位中，其中一个必然是指“表象”，另一个必然是指“实质”，反义配置的语义呈现表里结合的特点。“表象”是指停留在思维表层，能够使人首先联想到的事物最直接的特征。“实质”是指某事物的特征经过思维的加工后，通过语境能进一步联想到的特征，是隐藏在表层之下的特征。所指事物的“表象”和“实质”的特征，是说话人在特定的语境中主观赋予的。“表象”和“实质”表现为逻辑辩证和相反相成。“表象”和“实质”的关系可以抽象地理解为“除法”。表象的内容位于上层，在“分子”的位置；实质的内容位于下层，在“分母”的位置。例如：

(113) 尹楠的眉毛秀美而绵长，有一股柔软的坚硬，弹性的固执。(陈染《私人生活》)

（114）我找了半天形容词来总结这个院子，没得逞。偶尔听到一个意大利人的用词，“有组织的杂乱”，贴切。（冯唐《翻译〈飞鸟集〉的二十一个刹那》）

（115）“留守儿童”的另一个说法是，“父母双全的孤儿”。这种表述，已经不仅是一种生存状态的描述，更是一种情感及心理状态的描述，是一个关乎国家及民族未来状态的描述。（人民网 2016-02-16）

（116）《富有的穷教授——记我国土壤学专家侯光炯》（载《瞭望》1993 年第 3 期）

根据上下文语境，例（113）中，“柔软的坚硬”都是指尹楠眉毛的特点。“柔软”是指“眉毛”的一般性质特征是柔软的，“坚硬”是指尹楠坚毅的性格。作者主观认为柔软的眉毛能展现尹楠内心坚硬的一面。“柔软”是指“表象”，“坚硬”是指“实质”。例（114）中，“有组织的杂乱”是指院子的环境。“有组织”是指，有秩序或有条理。“杂乱”是指多而乱，没有秩序。在作者看来，院子的环境从表面上看是没有秩序、杂乱无章的，实际上看是有条理的。“杂乱”是指“表象”，“有组织”是指“实质”。例（115）中，“孤儿”是指失去父母的儿童。“父母双全”是指孩子的父母健在。作者看来，“留守儿童”表面上看父母双全，父母都外出工作，留下孩子一个人在家，实际上相当于没有父母。“父母双全”是指“表象”，“孤儿”是指“实质”。例（116）中，“富有”是指教授的科研精神，精神富有。“穷”是指教授的物质生活贫困。作者看来，“富有的穷教授”是指侯光炯精神生活富有，物质生活贫困。“富有”是指“实质”，“穷”是指“表象”。

对立特征相融合，是指作为定语的语义单位和作为心语的语义单位，从语表上看是对立的，但在特定的语境中，语义相互融合不冲突。表示所指事物同时具有相互对立的两种特征，不分主次，语义直观地表现为“加法”。例如：

（117）常德诗人要以更加宽阔的境界，面向无边界的诗歌视野，加强诗歌分析、研究、评论和诗艺探求，在热烈的冷静中，沉下心来锤炼诗歌品质，挑战难度写作。（杨亚杰《带着家园行走——素描龚道国和他的诗》）

（118）书记和乡长两个人你一言我一语，把各方面事情讲得乱七八糟的有条有理，我也听得有条有理的乱七八糟。（张宇《家丑》）

(119) 我是个悲观的乐观主义者，我难得快乐地独享自己的快乐，常为亲友甚至陌生人自己都不觉得的痛苦而让自己快乐不起来。(何不为《寻找未被污染的云彩》)

(120) 在这一系列讲座中，唐恩还引入了另外一个非常经典的精神病术语——“白痴天才”(idiot savant)。唐恩认为，这些人是“普通智能低下，但却有着非凡技能的孩子”。(心理圈 2014-06-04)

根据上下文语境，例(117)中，“热烈”是指常德诗人应该保持诗歌创作的热情，“冷静”是指静下心来打磨诗歌。“热烈的冷静”，就是将“热烈”和“冷静”这两种对待诗歌的态度相互融合，作者认为，常德诗人一方面要对诗歌保持强烈的创作热情，同时也要静下心来细心打磨、锤炼诗歌的品质。“热烈的冷静”的整体语义相当于“热烈＋冷静”。例(118)中，“乱七八糟”和“有条有理”是一对反义成语。“有条有理的乱七八糟”和“乱七八糟的有条有理”是“我”对书记和乡长谈话内容的主观感受。“我”认为这些话既是乱七八糟的，也是有条有理的。这两种特点相互融合，不分主次。“乱七八糟的有条有理”的整体语义相当于“乱七八糟＋有条有理”。例(119)中，“悲观”是指我经常因为自己都不觉得的痛苦而感到痛苦。“乐观”是指“我”能独享自己的快乐。“悲观的乐观主义者”是“我”对自身性格的主观描述，既是一个悲观的人，也是一个乐观的人。“乐观”和“悲观”这一组对立的特征融合在一起，表明“我”时而乐观、时而悲观的性格特点。“悲观的乐观主义者”的整体语义相当于“悲观主义者＋乐观主义者”。例(120)中，“白痴”是指智能低下的孩子，“天才”是指智能超群的孩子。“白痴天才”是作者对一类特殊人群的特征描述，即普通智能低下但某些方面技能超群的孩子，“白痴”和“天才”二词语义相互融合，表明两种特征同时存在。“白痴天才”的整体语义相当于“白痴＋天才”。

除此之外，能表现对立特征相融合的还有“X(方)的非X”格式。例如：

(121) 这封仅有10个字的史上最任性辞职信，领导最后还真批准了；挂上网之后，竟然火了。其实，走红是偶然中的必然，因为它挠到了网民心头的痒痒肉。(人民网 2016-06-20)

(122) 赢了球，在记者招待会上，教练马元安还专门谈到满意中的不满意，指出在一对一的对抗中，冲不上去，有时甚至退了下来，这不能不

说是个问题。(北大语料库)

(123) 天民党作为政坛的权力核心，每次政府危机几乎是“换汤不换药”，因此虽然政府危机频仍，但其内外政策受影响不大，被称为“不稳定中的稳定”。(北大语料库)

结合上下文语境，例(121)中，“偶然”是指辞职信在网上公布后，出人意料地火了，“必然”是指辞职信一定会引发大量网民的关注。“偶然中的必然”说明辞职信之所以能够火，既存在偶然性，也有其必然性，偶然和必然两种特征同时存在，直观地表现为“偶然＋必然”。例(122)中，“满意”是指教练对球队赢球感到满意，“不满意”是指比赛中对有些球员的表现不满意。“满意中的不满意”表明教练对比赛过程和结果的态度，既有满意的地方，也有不满意的地方，两种相互对立的态度融合在一起，直观地表现为“满意＋不满意”。例(123)中，“不稳定”是指政府危机的出现导致政局不稳定，“稳定”是指国家对内和对外政策没有受到政府危机的影响。“不稳定中的稳定”表明当前情况下，政局既是不稳定的同时又是稳定的，两种相对立的状况融合在一起，直观地表现为“不稳定＋稳定”。

限定事物部分特征，是指作为定语的语义单位对作为带定心语的语义单位的部分内涵或外延特征加以否定，在特定的语境中，二者语义是冲突的。语义直观地表现为“减法”。“X的Y”格式中的一部分和“非X的X”格式的语义都具有限定事物部分特征的特点。例如：

(124) 任岁月变迁，老贝总能散发出迷人的气质。他的性格，他的经历，或许并不完美，但不妨碍他成为一个不完美的完美男人。(人民网2013-02-20)

(125) 我不明白，时尚界，为什么要拼命制造那些像干柴骷髅一样，没有生命，没有性，没有水分，失去了女人最本质东西，不是女人的女人？(惠雁《本色》)

(126) 中国人民大学金融与证券研究所副所长赵锡军也对中新网记者表示，“负利率”的调整是日本央行一个“没有办法的办法”。(人民网2016-04-28)

根据上下文语境，例(124)中，“不完美”是指贝克汉姆的性格和经历不完美，“完美男人”是对贝克汉姆的整体评价，“不完美的完美男人”表明说话人主观认为贝克汉姆作为一个完美的男人有不完美的地方，“不完美”和“完美”相对立，“不完美”是对“完美男人”主要特征的否定。例（125）中，“不是女人的女人”是指时尚界制造的像干柴骷髅一样的女人，语义整体表现为对女人一般概念意义的主观否定。例（126）中，“办法”是指日本中央银行刺激经济发展的办法，其中调整利率是办法之一。“没有办法的办法”是在现有办法中排除了其他可行的办法，调整利率是唯一的办法，是对刺激经济的办法的内涵和外延特征的否定，表现为减法。

（127）我与你每次生命的相遇，都是一场无声的长谈。（叶丽隽《歧途夜听雨》）

（128）我感到奇怪，就快速翻阅，结果印在书页上的文字全部掉了下来，剩下了空旷的纸页。掉下的文字落在了地上，像是一层黑色的雪花。（大解《傻子预言》之《翻书记》）

（129）余司令这时差不多看透了这个女人：她黑袄的领子后面，耳根之下，也有一窝雪白。这个女体很是奇妙。以黑色为主体，投下了白色的阴影。（严歌苓《惠子物语》）

例（127）中，“长谈”具有［＋发出声音］的语义特征，“无声”具有［－发出声音］的语义特征，“无声”修饰限定“长谈”，使本应发出声音的动作变得没有声音，修饰限定了“谈话”的部分语义特征，具体表现为“减法”。例（128）中，“雪花”本来具有［＋白色］的语义特征，“黑色”修饰“雪花”，使“雪花”失去了［＋白色］的语义特征，具体表现为“减法”。例（129）中，“阴影”是指阴暗的影子，有［＋色彩阴暗］的语义特征，“白色”具有［＋色彩明亮］的语义特征。“白色”修饰限定“阴影”，使“阴影”失去了［＋色彩阴暗］的语义特征，具体表现为“减法”。

4.2.1.2　非X的X相关格式的语里差异

本节在研究“非X的X”的相关格式的语义的基础上，比较它们之间的语里差异。

（一）没有X的X

先看几个例句：

（130）当年武当另立掌门，石鹤自毁面目时，这位少林高僧也在座。……他看见过那张没有脸的脸，无论谁只要看过一眼，都永远不会忘记。（古龙《陆小凤传奇》）

（131）作者希望自己拥有佛教中所说的“天眼通”和“天耳通”，让自己的书斋充满没有声音的声音，布满没有形象的形象。（人民网 2015-06-30）

（132）一百对夫妇中可能有一对没有问题，而这没有问题的问题是，这对特殊的夫妇中必定有一个是故去的，所以才会没有问题。（皮皮《渴望激情》）

（133）接着，我国也有人不分青红皂白把别人的立场误认为是自己的立场，犯了一次意识形态的错误。然而，这么说并不是意味着把《恶之花》看成是天工无瑕，没有问题的问题。（北大语料库）

（134）刘彻会选窦婴来当这个丞相其实也是没有选择的选择，至少比起声望小的舅舅田蚡，窦婴地威望要高很多。（北大语料库）

（135）但想到第四军团的装备很难抵御莱卡人的大规模弓箭射击，瑞普又不得不承认，进行步战，是没有选择的选择。（北大语料库）

（136）孙定邦、齐英这样的领导者，要毅然地跟他们前去，这也是没有办法的办法了。（刘流《烈火金刚》）

（137）我看得很清楚所谓“天然垄断”，在我看来没有什么经济学上的根据，没有什么效率方面的好处，应当加以怀疑，甚至加以批判，这算是没有结尾的结尾吧。（汪丁丁《天然垄断与技术进步》）

如以上例句所示，“没有 N 的 N”结构中的“X”大多是抽象名词，如“办法、问题、结尾、道理、出路”，少数是具体名词，例如“脸、声音”。

该格式作宾语时，如果谓语动词采用判断动词“是”，且谓语动词前可使用“也、算、只、其实、实在”等表让步的副词组成“也是”“算是”“只是”“其实是”“实在是”等情况，如例（134）—例（137）。应学凤、王会（2006）指出，这些副词的作用是表达对某一事实的主观判断，强调施事者采取的措施是迫不得已的。

张伯江、李珍明（2002）认为，如果“是”后的“NP”是它的宾语，那么“NP”前面的描写性的定语有强烈要求“（一）个”出现的倾向①。例如：

---

① 张伯江，李珍明.“是 NP”和“是（一）个 NP”[J]. 世界汉语教学，2002(3).

（138）李宗盛成名以后经常用这段童年的生活提醒自己只是一个平凡的人。（北大语料库）

但在“没有N的N”格式中，强烈要求“（一）个”出现的倾向并不强烈。由于抽象名词成为定语的组成部分，使得定语的描写能力偏弱。因此，“没有N的N”格式作为“是”的宾语时，是否添加“（一）个”的意义差别不大。例（134）—例（137）中，“是”前面都没有添加“（一）个”，且无论是否添加，添加前后的意义差别不大。除了“（一）个”还可以说“（一）种”“（一）些”等等。例如：

（139）杨部长那样说法，可能是一种没有办法的办法。他真有本领的话，为啥不拿点颜色出来看看呢？（周而复《上海的早晨》）

（140）兵无常势，水无常形，出奇才能制胜。滕柯文觉得这确实是一个没有办法的办法。（北语语料库）

（141）雷见奥特森没有怨言了，而他知道接下来一定是互相介绍，然后大家在一起商量一些没有办法的办法。（北大语料库）

例（139）、例（140）、例（141）中，“一个”“一种”“一些”可以省略，对意义的影响不大。一方面是因为充当宾语的“没有N的N”格式中，“没有N”不是描写性定语，而是限定性定语。另一方面，“没有N的N”是一个具有强烈客观性的表达结构，而非主观性的表达结构。（曾海清2011）因此，该格式会排斥具有主观表达倾向的“（一）＋量词”。

原型理论从认知角度对该格式的语义提供了解释。原型理论认为，人类对语言的认知过程，是人脑利用语言符号将复杂的外部世界化为有序信息的过程，并将该过程称为“范畴化”。原型，代表具有范畴成员共性的中心成员，并与原型具有一定相似性的其他范畴成员共同形成“范畴”。例如“鱼类”范畴中，“鱼”是范畴中心成员，“草鱼”“鳙鱼”“黄鱼”“鳝鱼”等则是范畴成员。我们从原型语义范畴出发，认为“没有X的X”格式中，前一个“X”（即X_1）是原型，在语言表述中体现的是“原型义”（prototype meaning），它是语义范畴中最具代表性的意义，是人们在语义理解时通常首先想到的基本概念意义；后一个“X”（即X_2）是范畴成员，是非典型的、边缘意义。例如：

（142）家，在每一个人的心底都是一种任何东西也无法替代的港湾。我不止千百次地想过要回来，可那只是一种没有希望的希望而已。（业晓凯《荼蘼》）

例（143）中，“希望$_1$”是一般、普遍意义上的希望，是典型的希望，是“希望”这个范畴中的原型，是指希望达到某种目的或者出现的某种情况或愿望。“希望$_2$”是局部的、个人意义上的希望，是“希望”这个范畴中的边缘成员，非典型的希望。“没有希望的希望”表现作者渴望回到家乡的强烈愿望，既说明实现的回家这个愿望的可能性之小，也表达了“不尽如人意、感觉迫不得已”的意思。可见，该短语中“希望$_2$”的外延和内涵小于“希望$_1$”。

再如例（130）中，“没有脸的脸”，“脸$_1$”是原型，即一般概念意义上的脸，是指头的前部，从额头到下巴的部分。“脸$_2$”是范畴的边缘成员，是指石鹤面目全非的脸，失去了作为脸的典型特征。同理，其他诸如“没有问题的问题”“没有办法的办法”“没有选择的选择”等“没有 N 的 N”结构中“N_1”一定是原型，“N_2”一定是范畴成员。

有时，说话人出于不同的表达目的，否定词中表现的否定程度各有不同。语言表述中，否定表述与数字不同，“不”“没有”“无”可能是零，也可能表示量少。语境对于否定度量的规约方式可能依赖于上下文中的词语或句子，也可能依赖于预设、情绪、事态等等（邢福义 1995）①。“没有 X 的 X”格式中，“没有”可以替换为“绝无”“毫无”以增强否定程度。例如：

（143）后来，在若干年之后，辛开林回忆起这件事来，说这一个多小时，是他的一生之中，最感彷徨的时刻，怀着一个不可测的，心中认为是绝无希望的希望，盼望着奇迹的出现。（倪匡《心变》）

（144）于是六只嫉妒的眼睛齐齐扫向源头的主人。只见他正在用“淡淡然”的表情（即毫无表情的表情）对着校花那红苹果般可爱的脸蛋。（高飞浪《这是爱》）

例（143）中“绝无希望的希望”的否定程度比例（144）中“没有希望的希望”更强。从意义上看，“绝无”的否定力度更强。从语境上看，例中的“最”“奇迹”和生动的心理描写，同样增强了否定的程度。

邹韶华（1986）指出，“有/没有＋N”是能够使名词词义发生偏移的四种格式之一②。认为名词进入该格式后语义绝大多数情况下是偏向正面

---

① 邢福义．否定形式和语境对否定度量的规约［J］．世界汉语教学，1995（3）．
② 邹韶华．名词在特定环境中的语义偏移现象［J］．中国语文，1986（4）．

的，例如：好、没、高、大、强。鲁晓雁（2001）、温锁林（2014）在此基础上进一步对“有＋NP”格式进行了调查和统计，认为能够进入该句法槽并发生语义偏移的中性名词基本上是抽象名词，它们大多数表示人或事物的属性或特点。其中，发生正向偏移的名词占统计的绝大多数，发生负向偏移的名词很少。“没有 N 的 N”结构中的“N”大多是中性名词，且抽象名词占大多数，“N”在该结构中的语义具有偏向正面的倾向。因此，“没有 N_1 的 N_2”中“N_1”有时表示肯定、正面的“N_1”。

如例句（140），“没有办法的办法”中的“没有办法”并非指一个办法也没有，因为解决问题的办法有很多。“没有办法的办法”实际是指“没有最佳办法的办法”。本例中的意思是，战斗中用兵的办法有很多，但出奇才能制胜，因此需要在许多可能的办法中选择最好的办法才能取胜，虽然不是心中认为的最好办法，但也是一个可以施行次优选择。因此，有时“没有 N 的 N”格式前面有时可以添加极性副词“最”，例如：

（145）后来妈妈想到一个最没有办法的办法——将七弟所养的小鸡卖掉。（北大语料库）

蒋华（2011）指出，“没有＋NP”具有［＋客观性］的语义特征。“没有 N 的 N”中作修饰成分的“没有 N”存在［＋客观性］的语义特征。“没有 N”的客观性体现在上下文的事实描述中。如例（141）中，“没有办法”指大家都没有办法，是客观事实，但大家必须聚在一起商量办法。同理，例（142）中，家是“我”魂牵梦绕的地方，千百次地想回家，却总是回不去，心中认为是没有希望的。因此，“没有希望”具有客观性，是对“我”绝对无法回家这一客观事实的描述。

另外，“没有 N 的 N”格式在不同言语风格中，形式会发生变化，但意思基本相同，例如：

（146）《某个中午无意义之意义》（老四，载《人民文学》2014 年第 7 期）

（147）我们不用那些观想的方法，我们只用心念耳闻的方法，倾听心念咒的无声之声，用耳把意根摄住，妄念就不动了。（元音老人《佛法修正心要》）

例（146）中，“无意义之意义”与“没有意义的意义”的意思相同。例（147）中，“无声之声”与“没有声音的声音”意思相同。

（二）不是X的X

先看几个例句：

（148）他深知这个孩子极难心动，于是继续劝道："尤其是你！你天性孤僻，没有朋友，没有亲人，只有我这个不是父亲的父亲！我在世时尚可照顾你，保护你，但若我死后，你怎么办？"（马荣成《惊世少年》）

（149）萧湘的出现让大家同时安静下来，等待着这个不是女主人的女主人发话。（Erus《如果我是假的》）

（150）行前，叶剑英、徐向前、聂荣臻三位元帅将罗舜初等一批人召集一起，作了一次集体谈话，算是对几年来不是问题的问题的一个了结。（北大语料库）

（151）但李卫还是没醒过来，依然在沉睡中，体力严重透支过度，需要睡眠才能补充回来。土匪俘虏们手动做了个担架。抬着李卫这个不是伤兵的伤兵继续上路。（华表《国破山河在》）

（152）这样成了"南洋姐"的雪女，天生是个有头脑的人，虽然处在每晚都要卖身的境遇中，但她始终没有失去健康的志向。她一边往家乡给生活在贫困中的五个弟妹寄钱，一边一点点地为自己存钱，希望早一天从"南洋姐"——这个不是职业的职业中摆脱出来。（山崎朋子《望乡》）

（153）独孤痴还躺在那里，躺在滚烫的砂粒上，酷的太阳下。小方已经走了，就这样留下了他一个已经没有用的男人，一个已经不是男人的男人，根本已经不值得别人出手。（古龙《大地飞鹰》）

（154）我不明白，时尚界，为什么要拼命制造那些像干柴骷髅一样，没有生命，没有性，没有水分，失去了女人最本质东西，不是女人的女人？（惠雁《本色》）

如以上例句所示，"不是N的N"中的"N"大多数情况下是具体名词，例如"父亲、伤兵、男人、女人"。使用抽象名词的情况较少，例如"问题、办法"。作宾语时，"不是X的X"结构前常使用"这个"，用于复指前面的事物，如例（148）中的"我"，例（149）中的"萧湘"、例（151）中的"李卫"。有时为了满足特殊表达的需要，该结构前面还能添加极性修饰语"最"，表明作者采取的措施是迫不得已的，表达出无可奈何的主观情感。"最"有两层含义：①表面上看，是个解决问题的办法，实际上是不好的办法。②确实不是个好办法，但这是唯一的办法，强调唯一性。例如：

（155）如果此事处理不好，那么惨绝的悲剧难免会发生。现在最不是办法的办法就是能拖就拖，最好想尽一切办法避免这样的事情发生。（北语语料库）

“不是N的N”的语义具有特殊性，“N_1”和“N_2”中总有一个是指表象的内容，另一项是指实质性的内容。该格式的语义总是表现出对某件事物表象的否定和实质的肯定。因此，从静态角度看，即在脱离语境的情况下，“不是N的N”结构的语义是有歧义的。那么该格式的意义有两种可能的解释：一种是“N_1”指实质性的内容，“N_2”指表象的内容；另一种是，“N_1”指表象的内容，“N_2”指实质性的内容。前者的语义公式可用“是N而不像通常所说的N”，后者的语义公式可用“虽然不是N但实际相当于N”①。

例如“不是教授的教授”存在两种解释：一是有名无实，即有教授的职称或头衔却没有教授的相关内涵；二是有实无名，即有教授的相关内涵却没有教授的职称或头衔。“不是N的N”格式语义冲突的核心在于所指事物的表象与实质的不相符。

邢福义、吴振国（2002）将词语的语义类型分为概念意义和附加意义。其中，概念意义反映人们对所指对象的区别性特征的概括认识，其作用是区别不同事物的现象，反映所指对象的共同特征以及与其他事物现象的区别。附加意义是词语所体现的各种联想意义或色彩意味。“教授”的概念义是高等院校中职称最高的教师，这是“教授”的外延。“教授”的附加义是学识渊博、师德高尚、科研能力强，这是“教授”内涵。“不是教授的教授”的第一种解释（有名无实）中，“教授$_1$”使用的是概念意义，“教授$_2$”使用的是附加意义；第二种解释（有实无名）中，“教授$_1$”使用的是附加意义，“教授$_2$”使用的是概念意义。因此，“不是N的N”结构中“N_1”和“N_2”到底取概念意义还是附加意义，需要依靠具体语境进行判断。

如果我们将“不是N的N”结构置于特定的语境中考察，歧义便会消失。如例（148）中，根据语境，得知“孩子”没有亲人，成长全靠“他”的照顾和保护。我们能够将“不是父亲的父亲”当作有父亲之实却无父亲之名，即“有实无名”来理解。其中“父亲$_1$”反映父亲的内涵，

---

① 戚盛伟．“不是A的A”的语义［J］．修辞学习，1992（4）．

是指抚养、保护、照顾子女的成年男性，是“父亲”附加意义；“父亲$_2$”反映父亲的外延，是指二者没有亲缘关系，是“父亲”的概念意义。根据语义公式，本例“不是父亲的父亲”应当理解为：虽然不是亲生父亲，但对子女的照顾相当于真正的父亲。再如例（151）中，根据语境，“伤兵”指的是李卫，体力严重透支，正在沉睡，身体并没有受伤，俘虏们用担架将他抬着走，看起来像是受伤了。据此我们能将“不是伤兵的伤兵”当作有伤兵之名却无伤兵之实，即“有名无实”来理解。其中“伤兵$_1$”反映伤兵的外延，是指在战斗中受伤的士兵，是“伤兵”的概念意义；“伤兵$_2$”反映伤兵的一部分内涵，士兵受伤后通常无法站立行走，需要使用担架将其抬走，这是“伤兵”的附加意义。根据语义公式，本例“不是伤兵的伤兵”应当理解为：李卫体力透支躺在担架上，受到了伤兵一样的待遇，表面上看来是个伤兵，但身体并未受伤，不像真正的伤兵。

“没有N的N”与“不是N的N”相比，从构成成分看，“没有N的N”中的“N”在大多数情况下是抽象名词，“不是N的N”中的“N”在大多数情况下是具体名词。“N”的语义特点有显著的区别。“没有N的N”中的“N_1”始终是原型义，“N_2”始终是边缘义；“不是N的N”是具体名词时，其中的“N_1”和“N_2”，究竟哪一个是概念义或是附加义，必须根据具体语境才能确定。笔者认为，原因是“不是N的N”中的“N”一般是具体名词，表示对某种事物的判断。而“没有N的N”中的“N”一般是抽象名词，话语的理解对语境的依赖较弱。“不是N的N”中的“N”若是抽象名词的情况下，对语境的依赖较弱，并不需要根据语境判断前后两个“N”中究竟哪一个是概念义，哪一个是附加义，因此一般不存在歧义。语义上仅表现在该抽象名词的表面与实质的冲突。如例（150）中，“不是问题的问题”是指表面上看起来是个问题，需要解决，实际上不是什么问题，或者说问题解决起来十分容易，表明主观判断，显示主观量小。“没有问题的问题”中“没有问题”通常阐明客观事实。例如：

（156）但我希望：我讲完这个问题之后，大家都从我这个问题中多多提出问题，并且深入分析我这个问题，把它变成一个没有问题的问题。（《厦门日报》1986-09-08）

例（156）中，“没有问题的问题”是指问题经过提出、讨论后，客观上不再有问题，已经解决掉的问题。石毓智（2001）指出，非定量名词都是离散的量，大都可以用“不是”否定。“不＋是＋名词”短语中，“不”并非直接否定名词，而是先否定判断词“是”，然后二者作为一个整体共同否定名词。“不是”是对性质判断的否定。“没有N的N”与“不是N的N”之间的另一个区别是，“没有”用于客观叙述，具有［＋客观性］的语义特征，时间上仅指过去和现在。“不”用于主观意愿，“不＋是”表达主观意愿和判断，可指过去、现在和将来。例如：

(157) 柳直对于此突发状况，先是一愣，但随却失笑不已。对于这些暂时不是敌人的敌人，他实在有些举棋不定。(李凉《李小小列传》)

(158) 当时，他有白初宜的效忠为凭，不必考虑太多，但是，白初宜失踪后，原本不是问题的问题一一暴露，他几乎是焦头烂额。(北语语料库)

如例句所示，句中“不是N的N”结构前面出现时间相关名词或副词时，语义矛盾不再体现在“N”概念意义和附加意义之间，而体现在概念意义在时间层面的冲突。例(157)中“不是敌人的敌人”是指这些人现在不是敌人，将来会是敌人；例(158)中“不是问题的问题”是指这件事放在过去不是问题，可以忽略，现在反而成了问题。

总之，“没有N的N”和“不是N的N”语义差别的根本原因在于“没有”和“不是”，“没有”通常用于否定客观事实，“不是”通常用于否定主观意愿或看法。

“不是N的N”在少数情况下，“不”还能和其他动词搭配。例如：

(159) 谁都知道他是好人，可是又有一种不合逻辑的逻辑——不敢反抗日本人，又不甘毫无表示，所以只好拿李老人杀气！(老舍《四世同堂》)

(160)《不成问题的问题》(2016年梅峰导演电影)

根据语境，例(159)中，“不合逻辑的逻辑”可以理解为表面上看合乎逻辑，实质上不合逻辑。“不合逻辑的逻辑”实际上是“不合乎逻辑的逻辑”。例(160)中，“不成问题的问题”实际上是“不会成为问题的问题”。语言运用中通常使用前者而不使用后者，原因是受到韵律格式的制约。我们将“不是问题的问题”与“不合乎逻辑的逻辑”进行对比。从语法层次角度看，“不”与“是问题”组成状心短语，而韵律句法上将“不是”和“问题”连读，是“2＋2”格式；“不”与“合乎逻辑”组成状心短语，为满足韵律的需要，必须删除“乎”，形成“不合”与“逻辑”的“2+2”的双音连读格式。这种现象反映了该格式中存在语法层次与韵律句法之间的不协调。

另外，“不是X的X”格式还存在一些变体，虽然远不及“不是N的N”和“没有N的N”的使用频率高，但语义值得推敲。例如：

（161）许士进面部肌肉抽搐几下，差点忍不住要骂人，有这么无耻、这么不要脸的吗？算了，老子忍了！许士进脸上挤出不像笑容的笑容，伸手一引：“蔡公子请。”（北语语料库）

（162）大学生去搞什么擦鞋店，那一定是后者，肯定是没办法的办法，找不到工作的工作。（北语语料库）

（163）石家庄安居园四号楼楼长马秋果：闲不住的“闲人”（搜狐新闻网 2016-05-17）

例（161）中，“不像笑容”是对笑容的一般外在表现的否定。“不像笑容的笑容”，表明许士进的笑容与一般情况下的笑容不同，表明笑容并非发自内心的。例（162）中，“找不到工作”表明的是客观事实，工作相当难找，实在没有办法，只好去经营擦鞋店，语义上与“没有工作的工作”相近，能够表明“迫不得已”。不同之处在于，“找不到工作的工作”中隐含了因果关系，即：因为找不到工作，所以只好选择擦鞋店的工作。例（163）中，“闲人”是指马秋果退休后无事可做，是个闲人，“闲不住”的原因是她主动为提高小区居民生活质量的事情奔波。“闲不住的‘闲人’”的语义必须结合标题的具体内容，从两个不同方面去理解。

（三）不X的X

“不X的X”并非由“不是X的X”省略“是”得到，其修饰语是“不X”，整个结构是体词性的。“不X的X”格式的语义具有动态性的特点，该格式的语义需要根据语境确定。张先亮（2013）将汉语的短语分为静态短语和动态短语，静态短语是指那些尚未进入句子，未与现实发生联系的短语。动态短语是指已经进入句子，与现实发生特定的联系，处于已体现交际功能的状态，是使用中的短语。

“不X的X”是典型的动态反义配置短语，“不X的X”格式中前后两个“X”是同一个词，“X”可能是名词、动词或形容词，还有很多兼类词。由于汉语的词语缺乏形态变化，该格式与前两种格式相比，语境的依赖程度更高，语义理解更加困难。邢福义（2001）指出，“汉语语法系统中的词只有在小句的控制和约束下才能明确现实语法特性和语法职能，才能发挥特定的语法作用”①。“句管控”体现在词性的句规约和功能的句规约两个方面。“不X的X”格式的语义可以根据“句管控”机制，并结合语境得到很好的解释。

“X”进入“不X的X”格式中，其词性受到语法规则的制约，表现出“入句显类”和“入句变类”的特点。例如：

（164）一生没有喊过爸爸，最后的机会都让自己毁了，我是这个天下最不女儿的女儿了。我恨自己！（《中华读书报》2013-06-09）

（165）刘晓彤送我孔雀手机壳，一个不女人的女人居然能做出这么女人的东西。（北语语料库）

例（164）和例（165）中的“X”都是名词。例（164）中，“最不女儿的女儿”是动态短语，因为静态短语中没有“不”直接修饰名词的短语的情况。“不”一般修饰形容词或动词。李宇明（1999）指出，“不”是对“性质的否定”，在与性质形容词（Ax）组合时，“不＋Ax”的否定对象是“Ax”，表明事物具有“非Ax”的性质，“非Ax”与“Ax”语义虽然相反，但仍表明事物的性质。同时，张谊生（2000）指出，在特定场景中，说话人为了实现交际需要，激发听话人的联想和想象，会将名词的功能性状化，表达性质义。“现代汉语中，若想使名词的功能性状化，可在名词前添加副词。”②“不＋NP”中的“NP”的功能性状化，使得“NP”具有性质义，性质义是可以量度的。“不女儿”在例句中的作用就是说话人通过在名词“女儿”前面添加副词“不”，使在一般情况下只具有陈述义的名词“女儿”表现出性质义，从而实现交际需要。“不女儿”中，“女儿”表现出与概念意义相关的性质意义，“不女儿”在此应作“没有尽孝心，没有把自己当作自己父亲的女儿”理解。“不女儿的女儿”是将“不女儿”所表现的性质义作为量度，修饰后面一个“女儿”，表示在当前语境中，对“女儿”性质意义在主观量上的否定。“最不女儿的女儿”反映说话人对自己作为女儿的评价为主观微量。例（164）中“不女儿的女儿”的意思是：“我”作为爸爸的女儿，没有喊过爸爸，没有尽到女儿应尽的

① 邢福义．说“句管控”［J］．方言，2001（2）．

② 张谊生．现代汉语副词研究［M］．上海：学林出版社，2000：172-178．

责任。同理，例（165）中，“不女人”是指没有或不具备女人温婉、贤惠、敏感等性质。表现说话人对“刘晓彤”作为女人的性质评价为主观小量。“不女人的女人”的意思是：作为一个女人，不具备女人所应该具有的性格、行为特点。

从“句管控”的角度看，名词入句后，可以被配置在形容词的格局中，处理为形容词。“不X的X”中，作为名词的“X_1”不能受“不”修饰。“X_1”在该语法环境中被规约为性质形容词，词义体现出性质义，而不是名词所具有的概念义，即“入句变类”。当“X”是名词时，“不X的X”的语义特点是通过否定某事物的性质意义，从而进一步修饰该事物。

“不X的X”与“不是X的X”的语义有些相似，但更多的是不同。从语表形式看，“不X的X”中的“X”可以是名词、动词、形容词，当“X”是名词时，是具体名词，相当于“不N的N”；“不是X的X”中的“X”是名词，相当于“不是N的N”。在大多数情况下“X”是具体名词，少数情况下是抽象名词，当“不是X的X”中的“X”是具体名词时，语义通常理解为“有名无实”或“有实无名”。我们发现，“不X的X”和“不是X的X”中的“X”都是具体名词时，在相同的语境中，无论采用哪一种格式，意思差不多相同。如我们将例（164）和例（165）中添加“是”，意思基本相同。

（164’）一生没有喊过爸爸，最后的机会都让自己毁了，我是这个天下最不（是）女儿的女儿了。我恨自己！（《中华读书报》2013-06-09）

（165’）刘晓彤送我孔雀手机壳，一个不（是）女人的女人居然能做出这么女人的东西。（北语语料库）

例（164’）中，“不是女儿的女儿”可理解为“有女儿之名，无女儿之实”。例（165’）“不是女人的女人”可理解为“有女人之名，无女人之实”。表明以上两种格式在相同的语境中，有时可以替换使用。

“不X的X”格式下的反义配置的语义，受“句管控”和语境的共同制约。当静态的“X”进入小句，会呈现出多维开放的特点。例如：

（166）毋庸置疑，任何一个消费者都不是真心希望乳品新国标有问题，不会真心相信那是一份被大企业绑架、降低了标准的“不规范的规范”。（《新京报》2011-12-02）

（167）人类每年要花费那么多金钱去饮酒，人冒着上绞刑架的危险去吸毒……不就是要突破一下患了硬皮病的生活现实，受用一下不可能的可

能吗？（王蒙《郑重的故事》）

（168）伦理行为的实现，只是把伦理精神的优美和谐与稳定平衡恰恰因其优美和稳定而具有的矛盾和破坏萌芽暴露了出来；直接性含有互相矛盾着的意义，它既是自然无意识的稳定，又是精神有意识的不稳定的稳定。（北大语料库）

（169）我追求的是不表演的表演，是生活而不是演戏。（姚忠礼《啊，明星》）

例（166）中，“规范”是兼类词，有三个词性，分别是名词、动词和形容词。“规范$_1$”出现在定语部分，受“不”修饰，这个语法环境将其规约为动词或形容词，在文中作定语。根据上下文，论域是乳制品国家标准是否规范的问题。因此“规范$_1$”的语义应理解为形容词。“不规范的规范”在句中作宾语，“规范$_2$”被规约为名词。因此，“不规范的规范”是指明文规定的国家标准不合乎规范。同理，例（167）中，“可能”有三个词性，分别是名词、动词、形容词。根据“句管控”和语境，“可能$_1$”被规约为形容词，作“能成为事实的”解；“可能$_2$”被规约为名词，作“能成为事实的属性”即“可能性”解。“不可能的可能”是指不能成为事实的事件能成为事实的可能性。

例（168）和例（169）的情况又有所不同。例（168）中，“稳定”有两个词性，分别是动词和形容词。根据“句管控”和语境，“稳定$_1$”被规约为形容词，表示“稳固安定、没有变动”；“稳定$_2$”被规约为动词，表示“使稳定”。“不稳定的稳定”是“形的动”组合，句法功能相当于名词短语，我们可以将该短语视为靠向名词短语的特殊的动词短语。例（169）中，“表演”只有动词这一种词性，“不表演的表演”是“动的动”组合，在句中作宾语，功能相当于名词，也可视为靠向名词短语的特殊的动词短语。

“不 X 的 X”的语义的理解任意性较大，通常根据其入句后所显示的语法特性和语法职能以及语言环境来确定。可以说，该格式对语境的依赖程度较高。语境不足的时候可能出现歧义。例如：

（170）《不标准的“标准”》（杨东鲁，载《公关世界月刊》1995 年第 12 期）

（171）《“不科学”的“科学”究竟是什么词》（王如霖，载《中国语文》1958 年第 3 期）

例（170）和例（171）都是文章标题，例（170）中，“不标准的‘标准’”是一个单用的反义配置短语，“标准”既是形容词也是名词。根据词性的句规约，“$标准_1$”是形容词，表示“本身合乎准则”；“$标准_2$”是名词，表示“衡量事物的准则”。读者可以自然而然地将“$标准_1$”理解为形容词，将“$标准_2$”理解为名词，从而进一步将标题的意思理解为某件事物约定俗成的准则不规范。从一定程度上讲，标题《不标准的“标准”》的语义是自足的。例（171）中，语境对标题的解释不够，存在歧义。“科学”既是形容词也是名词，“$科学_1$”受“不”修饰，“不科学”可理解为“不合乎科学”。“‘不科学’的‘科学’”在句中作主语，“$科学_2$”可理解为名词。很容易使人理解为“不合乎科学规律或常识的科学性”。例（171）刊载在《中国语文》杂志上，语义显得不自足，容易使人产生误解。通过阅读全文，这篇文章实际探讨的是“不科学”这个短语中的“科学”一词，究竟是什么词性。该文标题从语表形式看，像是反义配置，事实上不是，“‘不科学’的‘科学’”并没有矛盾对立的逻辑基础，所以标题可以改为：短语“不科学”中的“科学”究竟是什么词。

综上，从语表形式看，“不X的X”格式中“X”的词性具有任意性，“X_1”和“X_2”的词性可能相同，也可能不同。该格式在句中的功能相当于特殊的名词性短语。并不是所有能进入“不X的X”格式的组合都是定心反义配置，必须根据语境判断其是否具有矛盾对立的逻辑基础。从语里意义看，“不X的X”中的“X”进入小句，都被按照特定的规约进行配置，对该格式语义的理解需要在“句管控”的约束下完成。语境在其中起到举足轻重的作用，该格式对语境的依赖程度较高。

（四）非X的XN

“非X的XN”格式中的“N”既受“非X”修饰，也受“X”修饰，语义矛盾发生在不同的结构层次上。“XN”是一个粘合式定心短语，“XN”作“非X的XN”的中心语。“没有X的X”格式、“不是X的X”以及“不X的X”都是先否定“X”，又肯定“X”。“非X的XN”则是先否定“N”的限定成分，又肯定“N”的限定成分。“N”本身具有“X”的特点，同时“N”又具有“非X”的特点。语义上表现为先否定某事物的外延，再肯定某事物的外延，让人感到含意深刻，耐人寻味。

例如：

（172）老实说，采摘经济只是对农民有利的一种销售方式。仔细算账，到农村采摘的成本相当昂贵，远远超出在城里菜市场去购买。如果不是到郊野游玩，搂草打兔子，捎带着搞点采摘，专门采摘大概是并不经济的经济活动。(《北京晚报》2014-04-10)

(173) 一九九三年十一月，拉什迪和其他一些作家在法国斯特拉斯堡庄严宣布成立作家国际议会——一个高于世俗政权而又没有神的神圣同盟。拉什迪被推选为议会主席，于是名正言顺地成了全世界人民的精神领袖。(陆建德《文人无名》)

(174) 不简单的简单线条 (909 中西文桌面印刷系统广告语)

根据上下文语境，“非 X 的 XN”格式中“X”的语义，在句中都表现为“入句显类”。例 (172) 中，“经济$_1$”是形容词，表示耗费较少而获益较大。“经济$_2$”是名词，表示社会物质生产活动。“不经济”和“经济”都修饰“活动”，“经济活动”是指社会物质生产活动。“不经济”是指耗费较大、获益较少，“不经济的活动”是指耗费较大、获益较少的活动。将它们结合起来，“不经济的经济活动”是指耗费较大、获益较少的社会物质生产活动。“经济$_1$”和“经济$_2$”形式相同，语义不同。例 (173) 中，“没有神”是指不存在创造者或统治者。“没有神的同盟”是指没有统治者，靠缔结盟约形成的团体。“神圣同盟”是指崇高、庄严的结盟团体。“没有神的神圣同盟”是指不存在创造者或统治者的崇高而又庄严的联盟团体。“神$_1$”和“神$_2$”形式相似，语义不同。“同盟”既与神有关，又与神无关。例 (174) 中，“简单$_1$”和“简单$_2$”都是形容词。“简单$_1$”是“精力、能力平凡”的意思，“简单$_2$”是“结构单纯，容易理解或处理”的意思。“简单线条”是指线条结构单纯易理解，“不简单”是能力不平凡的意思。“不简单的简单线条”的意思是，能力不凡、结构单纯的线条，进而说明印刷系统看似复杂，实际上十分好用。

需要说明的是，并非所有形式上都表现为“非 X 的 XN”格式的组合都是反义配置，需要结合具体语境判断。例如：

(175) 近日，江西赣州于都，红军后代刘光沛在家中，指着没有门的门框称，“这些门板被爷爷捐给红军做浮桥”。(《新京报》2016-09-11)

例 (175) 中，“门框”是一个已固化的词，词典释义为“门扇四周固定在墙上的框子”。“没有门的门框”是对客观现实的描述，“门框”与“没有门”之间不存在语义上的相反或相对，因此不是反义配置。

4.2.1.3 X（方）的非X的语里意义

“X（方）的非X”是一类特殊的定心式反义配置，其中定语的部分是由一个实词与后置空间方位词“中”或“里”组成的方位短语，形成“X（方）的非X”格式。显性形式中，后置空间方位词可能省略，其中否定词可能在定语部分也可能在心语部分，即“非X（方）的X”格式。隐性形式中，定语的后置空间方位词不能省略。

从语表上看，“X（方）的非X”格式中“X”的词性通常是名词、动词或形容词。如：“理性中的非理性”“寻常中的不寻常”“不稳定中的稳定”“冬天里的春天”。其中，“寻常”是形容词，“理性”兼为形容词和名词，“稳定”兼为动词和形容词，“冬天”和“春天”是名词。方位词一个重要的句法功能是使谓词体词化。根据“入句显类”的规律，当这些词与后置的空间方位词组合后，形成的方位短语是名词性的，在句中的功能相当于名词。“X（方）的非X”入句后，在句中主要充当宾语。经常出现在判断动词“是”的后面。例如：

（176）我对打麻将的方法知道不少，而且能够运用自如。但对人生的策略却一窍不通，既不会阿谀奉承，趋炎附势，也不屑于请客送礼，行贿纳贡，脸不够厚，心不够黑，书生意气太浓，以至于沦落街头，卖肉为生，这也是偶然之中的必然。（陆步轩《屠夫看世界》）

（177）赢了球，在记者招待会上，教练马元安还专门谈到满意中的不满意，指出在一对一的对抗中，冲不上去，有时甚至退了下来，这不能不说是个问题。（北大语料库）

（178）这些字中，平衡的原则遭到一定程度的破坏，看似不平衡了；其实，这是超越平衡与对称的不平衡与不对称，是平衡中的不平衡，对称中的不对称，是上升到辩证层次的、动态的平衡与对称。（北大语料库）

“X（方）的非X”格式通常作为宾语位于句末指代句中或句外的内容，因而具有指称功能。如例（176）中，“偶然之中的必然”是指“我”沦落街头，卖肉为生，是偶然。脸不够厚，心不够黑，导致沦落街头卖肉为生的结果，是必然。“偶然之中的必然”是对“沦落街头、卖肉为生”这个结果的总结。例（177）中，“满意中的不满意”是指球队赢了球，球员的表现有许多令人满意的地方以及不令人满意的地方。“满意中的不满意”指代教练对球队赢球后的整体表现。例（178）中，“平衡中的不平衡，对称中的不对称”是对汉字形态特征的总结。

"X（方）的非 X"格式隐含了谓词，可以将谓词省略的部分补充完整。例如：

寻常中的不寻常⟶寻常（的地方）中存在的不寻常（的地方）

不圆满里的圆满⟶不圆满（的地方）里存在的圆满（的地方）

偶然中的必然⟶偶然（的地方）中存在的必然（的地方）

不完美中的完美⟶不完美（的地方）中存在的完美（的地方）

可见，"X（方）的非 X"格式中的谓词都被体词化了，该格式是一个名词性短语，实际相当于"NP＋的＋NP"的组合。

邱斌（2008）指出，"里、中"等空间方位后置词一般不单独在句中充当语义角色，往往和其他词语构成方位短语充当语义角色。方位短语在句中表时间、空间和其他抽象事物中的方向、起点、终点、范围等语义。方位短语在"X（方）的非 X"格式里通常表示范围语义，方位短语作定语一般表示处所。"中、里"具有外延的指示性，通过划定一个区域范畴，将定语与带定心语之间的反义关系异化为包含关系。

该格式的主要特点是：后置的空间方位词在语表上显示了定语和中心语之间语义上是相反或相对的关系，但在逻辑上又是包含关系。理解该格式的语义必须从它所体现的空间语义的隐喻特点入手。

隐喻（metaphor）有广义和狭义之分，亚里士多德将一切修辞现象称为"隐喻性语言"（metaphorrical language）。Lakoff 将转喻（metonymy）、反语（irony）、提喻（synecdoche）均视为隐喻，认为隐喻是一种认知现象。束定芳（2000）曾指出，隐喻思维是人类认识事物、建立概念系统的重要思维方式。本书的隐喻是指广义的隐喻。Lakoff & Johnson（1980）认为，我们日常生活中体现和经历的事情基本上是隐喻的问题，隐喻的本质是用其他相关概念、事物、措辞来理解和体验另一种事物和概念。隐喻的作用过程是从源概念域向目标概念域映射的过程。源概念域是人们熟悉的、共知的、具体的、有形的概念。人们通过源概念域认知抽象的、模糊的概念，采用隐喻的方式，用概念域组建目标概念域。

空间概念作为人类最早熟悉的概念，在概念体系中处于最基本的地位，使人类在认识周围的事物过程中使用方位概念构建其他的概念。这种认知过程作用在语言中，使方位词呈现出多义性。因此，方位词能表达时间、空间、顺序、意识、社会关系等各种语义。认知语言学理论认为，隐喻能够通过人脑的认知及推理将一个概念域系统地、完整地映射到另一个概念域。方位词的基本语义表示空间，以它为基础可以隐喻其他本身不具备空间属性的事物和事物之间的关系。

“中”和“里”一般被用在时段是容器的隐喻中，即“容器隐喻”，它们一般作为一个短语的中心语表示时间语义。“中”“里”表示在时段容器之内，“外”表示在时段容器之外。例如：“冬天里”“一生中”“心中”。这些例子还表明，与方位词组合的语言成分本身没有隐喻的意思，加上方位词后，使之具有隐喻的意思，如“冬天”；有的语言成分本身就有隐喻的意思，如“一生”和“心”。再者，方位隐喻有时是不对称的，因此不能说“冬天外”“一生外”“心外”。

有时，精神意识也能被隐喻成为容器，“里、中、内”经常被用于这类隐喻。这类方位隐喻是不对称的，不存在与其相应的“外”的用法。例如：“冥冥中”“思想中”“脑海里”，等等。

“X（方）的非 X”格式的语义特点，是将时段和精神意识隐喻为容器，有时甚至发生两种隐喻同时使用的情况，大大增强了表义的丰富性。例如：

(179) 今天，波麦兰采夫胡同看上去仍是那么平平常常，但听过这段传奇故事的行人都会放慢脚步，久久环顾，从中寻味着平常中的不平常。（北大语料库）

例（179）中，“平常中”是以作者对胡同的主观精神感受被隐喻为容器，作者觉得胡同看上去平常，并将平常视作容器，将“不平常”放入这个容器中进行比较，“平常”指胡同的环境，“不平常”指胡同中曾经发生的传奇故事。作者意在表明“看上去平常的胡同中，曾经发生了不平常的故事”，以突出“不平常”。再如例（177）中，“满意中”以教练对执教球队的比赛表现态度和感受被隐喻为容器，将这种“满意”感受视作容器，将“不满意”的感受放在被隐喻为容器的“满意”中进行比较，突出“不满意”。“满意中的不满意”是指，球队赢了球，教练感到很满意，而比赛中出现了一些问题，是令教练不满意的地方。从信息结构方面看，“平常中的不平常”和“满意中的不满意”中的定语部分是已知信息，中心语部分是新信息，容器隐喻思维起到了凸显作为新信息的中心语内容的作用。

(180) 她的手被乡亲们拉住，她失声痛哭了，多好的乡亲，多么温暖多么善良的乡亲！我忘不了你们，树高千尺也忘不了根。这是阶级性。这是冬天里的春天。这是人间的春风。（毕飞宇《那个夏季，那个秋天》）

例（180）中，“冬天”这个时段被隐喻为容器，“冬天里”是语表层面的容器隐喻。结合上下文语境，从语里层面看，“冬天”表明“她”精神意识的主观感受。“她”即将离去，内心感到十分寒冷，“冬天”被隐喻为容器。这样一来，“冬天里的春天”一方面从语表层面进行了时段的对比，另一方面又从语里层面进行了内心感受的对比。形式和语义中都体现了隐喻思维的运用，极大地增强了表义的丰富性。

“X（中）的非X”结构对语境的依赖程度较强。例如：

（181）罗翔犹如下山猛虎入海蛟龙，高举撬棍尾追卷头发，挡在两个男人中的女人惊叫一声。（北语语料库）

（182）尤其司马茜这贱人，她竟然忘了她的身份，无视于我这个未婚夫，在洛阳酒店里，她公然辱骂我是男人中的女人，很好，我就当女人，玩阴的，我要你跪在地下求我，变成一只乞怜的母狗。（陈青云《天涯浪子》）

在脱离语境的情况下，“男人中的女人”可能表示多种含义，只有在特定的语境中才能表现特定的含义。例（181）中，画线部分的“中”不仅有标示方所的作用，还有标示群体的作用，属于间接的复数标记，“男人中的女人”标明了女人在男人群体中的具体位置，通过群体营造的空间范围，不能作为容器看待。“男人中的女人”并未造成意义上的相反或相对，因此不是定心式反义配置。而例（182）中，“男人中的女人”中，“男人”被隐喻为“作为男人所应具有的精神境界”。这表明作为一个男人，男人的精神境界中不应该具有擅长“玩阴的”特征，应该光明磊落。“男人中”作为定语修饰“女人”，“玩阴的”作为女人的精神特征被纳入“男人应具有的精神境界”这一容器中，使二者产生了对比，凸显了男性特征中原本不存在的女性特征。

“X（方）的非X”格式的显性形式还涉及空间方位词的隐现问题，在定心式反义配置中，表现出独有的特点。

许多情况下，“X（方）的非X”格式中，显性形式的后置方位词有时可以隐去。关于方位类词的隐现问题，周烈婷（1998）、杨宁（2001）、储泽祥（2004）、邹韶华（2007）、邱斌（2008）等学者针对此类问题进行了较多的探讨。其中储泽祥（2004）对“在+方位短语”中方位类词隐现机制的探讨最具代表性。储泽祥（2004）认为，从NP看，A、B、C、D这四类NP后的方位词都可能隐去；从语义功能看，“范畴方所化”是方位词的主要语义功能。任何一个表示事物的 NP 后面加方位词之后都能表示方位。例如“院子里”“卡车上”“心中”“寒风里”等短语都不再表示事物自身，而是表示方所。并提出方所范畴化的三个层面，一是转化性，二是择定性，三是指别性。三者根据方位词的语义功能能形成一个蕴涵序列：转化作用＞择定作用＞指别作用。储泽祥（2004）指出，“只起择定作用或只起指别作用的方位词可能隐去，起转化作用的不能随意隐去”。从韵律配置看，除非 NP 是单音节，其后的方位词都可隐去；从语用和认知看，带有处所特征的一般事物名词、可预见位置与维向的介词短语，都有可能突破语法的限制，隐去方位词。

本书受以往成果的启发，结合“X（方）的非 X”显性形式的语用特点，认为该格式中方位后置词的使用首先是语义上的要求。也就是说，方位后置词的出现是出于标记语义的需要，有一些词语不需要方位后置词的帮助，同样能表示处所语义。当一个名词性成分默认了一种处所，“X（方）的非 X”显性格式中的“中”或“里”可以隐去。其次是符合语用上的要求，如果“X_1”在语用方面已被主观赋予了处所义，则方位后置词的作用在于显示这种处所义，以增强表义的明确性。判断一个名词性成分是否默认了一种处所，需要依赖语境判断。若该格式中的受方位后置词限定成分（即“X_1”）的默认语义是表示“在某个范围之内”，则该成分后的方位后置词可隐去。例如：

（183）紧紧牵住教育事业的手，引领学生在知识的海洋里徜徉，为国家和人民培养有用之才！走近王英，感受王英，体会王英，才知道什么是<u>平凡中的不平凡</u>。（人民网 2015-09-21）

（184）尽管每个爱情到最后都是忧伤，但它仍是我们所知道的最美好的事情，如 GIGI 所说：“如果爱是朵很脆弱的玫瑰，我也愿意承受，<u>不完美中的完美</u>……”（光明网 2011-10-17）

（185）要说自然是面子和芯子两全为好，也就是圆满的意思了，可入的条件都是有定数，倘若定数只能面也凑合，里也凑合，还不如盖下一边，要个满满的半边，也是<u>不圆满里的圆满</u>。（王安忆《长恨歌》）

例（183）中，根据上下文语境，定语部分的“平凡”指代王英是一位平凡的教师。“平凡”后加上方位后置词“中”，使之受到“方所范畴化”的语义功能的影响。“平凡”因此被默认为一种处所，即“平凡之处”或“平凡的地方”。此时，“中”可以隐去，成为“平凡的不平凡”，“平凡的不平凡”在句中与“平凡中的不平凡”意思基本上一致。“平凡$_1$”本身具有处所语义，这种处所语义是作者主观赋予的。“中”使得作为谓词的“平凡”体词化了，方位后置词“中”的作用在于显示这种处所义。同理，例（184）中，根据上下文语境，“不完美”被作者主观默认为一种处所，“中”可以隐去，隐去后意思基本相同。例（185）中，根据上下文语境，“不圆满”被作者主观默认为一种处所，“里”可以隐去，隐去后意思基本相同。

再比较：

(186)《理性的非理性》（郑毓煌著）

(187)《理性中的非理性——瑞泽尔〈麦当劳梦魇——社会的麦当劳化〉评述》（翟玉晓、刘书雁，载《经济研究导刊》2011 年第 8 期）

例（186）和例（187）同为标题名，无论是“理性”还是“理性中”，作为定语的“理性”被主观默认为处所，因此“中”可显可隐。

总之，“X（方）的非 X”格式的显性形式中，定语部分的方位后置词是显还是隐，取决于作者是否主观默认定语部分具有处所的含义，若定语部分被主观默认为处所，则方位后置词可以隐去。方位后置词的功能在于显示这种处所义。

4.2.1.4　定心式反义配置的粘合情况

“X 的 Y”格式的组合形式多样，具有较大的任意性。这些看似任意的组合中，有许多规律值得探索。“X 的 Y”格式中，有的组合带“的”，有的不带“的”。定心式反义配置和一般定心配置存在许多语义和语法上的相同点和不同点。

很早就有学者注意到，定心结构中定语和中心语一般需要用助词“的”连接，而有的定心结构的定语和中心语可以粘合在一起，不需要借助“的”的帮助。朱德熙（1982）在《语法讲义》中将体词性偏正结构分为组合式和粘合式两大类。组合式偏正结构包括三类，分别是：①定语中带“的”的偏正结构；②由数量词作定语的偏正结构；③表示领属关系的偏正结构。粘合式偏正结构是指性质形容词、名词、区别词直接作定语的偏正结构。组合式和粘合式在大多数情况下，语义并不相同，组合式表示领属，粘合式表示性质。例如“美国的朋友”和“美国朋友”、“漂亮的女孩”和“漂亮女孩”。朱德熙（1999）认为，从语法功能上讲，粘合式偏正结构的功能相当于名词。组合式与之不同，组合式里的名词可以替换，而粘合式中的不行。朱德熙（1982）、吕叔湘（1984）认为，粘合式偏正结构是“语法的词”或“功能上相当于一个单一名词”。陆丙甫（1993）则主张将粘合式分析为复合词。

我们发现，有的定心反义配置中，定语和带定心语之间一般要用助词“的”连接，有的定心反义配置中，定语和带定心语可以直接粘合在一起，不需要借助助词的帮助。“X 的 Y”格式中，有一部分是组合式的定心反义配置，例如：“平凡的伟人”“熟悉的陌生人”，也有一部分是粘合式的定心反义配置，例如：“小大人”“女汉子”。

形名组合的“AP＋NP”格式，是粘合式定心反义配置。其中定语表示属性，对中心语进行描写，缩小中心语的外延，增加内涵，明确中心语的属性范畴。例如：

（188）在闺女们群中唯有大爷家的凤姑和二爷家的二翠姑俩人能装病偷懒耍尖，小妯娌们背里骂她俩是小婆婆、姑奶奶，却奈何不得。（蒋玉川《梦入凤仙楼》）

（189）其实，都到晚年了，如果他们不是还像孩子那样斗气，没准会走到一起的……可他们实在是大孩子呀。（刁斗《爱情是怎样制造出来的》）

（190）几乎同时，一下子跳出四个汉子似的女人，……这四条女汉子对严慰冰仅差开膛破肚的搜查，使她被侮辱得想哭，想喊，想骂人！（北大语料库）

（191）如果愿意，还可以在幽静的山谷
打滚，像个癫狂的老男孩
而不为他人耻笑（江一郎《孤傲之人——山中小住》）

根据语境，例（188）中，“婆婆”具有［＋年龄大］的语义特征，与“小”语义相悖，“小婆婆”在句中是指行为特征像老人的年轻女孩。例（189）中，“孩子”具有［＋年龄小］的语义特征，与“大”语义相悖，“大孩子”在句中是指具有小孩性格特征的成年人。例（190）中，“女”和“汉子”语义相悖，“女汉子”在句中是指具有男性行为特征的女人。例（191）中，“男孩”具有［＋年龄小］的语义特征，与“老”语义相悖，“老男孩”在句中是指具有小孩行为特征的老年人。

粘合式的定心反义配置在大部分情况下可以视为短语，但有些可能会因为语义融合、句法凝固、语音整合等原因，逐渐固化，形成固定短语或是定心式反义配置词。粘合式的定心反义配置已有部分短语进入词汇系统。例如：

（192）十三岁的他已经长得像个小大人；他跟着他爹爹下田，插秧，拔草收割，打杂，他已经成为一个有用的角色。（唐海《臧大咬子传》）

（193）人家跟他说话，他光知道点头，一点儿也不明白人家说的是什么。他成了活死人。（老舍《鼓书艺人》）

例（192）中，“小大人”，1996 年修订版的《现代汉语词典》未收录“小大人”，而 2012 年的第六版中收录了“小大人”，释义为：名词；说话、行动像大人一样的小孩儿。2014 年第三版的《现代汉语规范词典》中，“小大人”释义为：言谈举止像大人一样的小孩儿。例（193）中，“活死人”，1996 年修订版至最新的 2012 年第六版的《现代汉语词典》均未收录“活死人”。2004 年第一版和 2014 年第三版的《现代汉语规范词典》中收录了“活死人”释义为：名词，形容反应迟钝、动作愚笨、毫无生气的人。再如：

（194）女人是天生的活化石。他喜欢那连衣裙下摆在无风时的自然飘动仿佛水流中的凤尾藻，那里面涌涨出女人独有的生命韵律。（张贤亮《习惯死亡》）

（195）法西斯恶魔，灭绝人性，穷凶极恶，铁蹄肆虐，山河破碎，生灵涂炭，尸横遍野，血流成河，把世间变成惨绝人寰的活地狱。（北大语料库）

例（194）中，“化石”具有［＋生物已死亡］的语义特征，与“活”的意思相悖。1996 年修订版和 2012 年第六版《现代汉语词典》以及 2014 年第三版的《现代汉语规范词典》中均收录了“活化石”，释义为：名词，在某一地质年代中曾繁盛一时，而现代濒临灭绝的动物或植物。例（195）中，“地狱”有［＋死亡］的语义特征，与“活”的意思相悖。1996 年修订版和 2012 年第六版《现代汉语词典》以及 2014 年第三版的《现代汉语规范词典》中均收录了“活地狱”。释义为：名词，比喻人间黑暗而悲惨的生活环境。

有的粘合式定心反义配置，因为语境的不同，会有复合词和短语两种解释。例如：

（196）陪侍泰戈尔左右的，还有外交委员会事务长林长民的女公子——人艳如花的林徽因。（《厦门日报》2001-11-07）

(197) 洛阳城里，有“四大公子”，那是“小公子”池日暮、“多情公子”游玉遮、“老公子”回百应、“女公子”葛铃铃。(温瑞安《杀楚》)

例 (196) 中，“女公子”是对别人女儿的尊称，是复合词。例 (197) 中，“女”修饰“公子”，是临时使用的定心式反义配置短语。

可以看出，粘合式定心反义配置是具有强烈凝固态势的反义配置，具有熟语性。如“小大人”“活化石”“活地狱”“活死人”等。很多处在发展变化中的定心式反义配置短语，如“女汉子”“男妹子”“老小孩”等，可能会在发展演变过程中，逐渐固化或产生其他意义。

“X 的 Y”结构中，粘合式定心反义配置除了有形容词和名词的粘合之外，还有名词和名词的粘合。其中定语和中心语内部的语义关系，都是定语从属性角度描写中心语的内容。定语都是属性定语，作用是对中心语进行描写，对中心语的概念意义进行分类，缩小外延，增加内涵，明确中心语的属性范畴。作定语的名词，其功能基本等同于形容词的功能。例如：

(198) 诺敏汉蒙英语都很棒，人也豪爽，马技高超。聪明有见识，放中原是块大料，全被她那狗熊英雄给误了。(何不为《寻找未被污染的云彩》)

(199) 选择那些有专业眼光和系统扶持计划的创投，才能让自己的路越走越宽，千万不要选择那些急于求成、目光短视或者在专业方面十分外行的“魔鬼天使”，以免创业受挫。(《扬子晚报》2015-03-30)

(200) 若您计划来此，最好选择 6 月上旬，说不定有机会看到只有在北极圈才能看到的著名自然奇观“午夜阳光”。(人民网 2013-12-15)

(201) 鲁迅笔下的美女蛇产生了一种毛骨悚然又神秘吸引的感觉，尤其是月亮在白云间穿梭、虫鸣不已的秋季。(北大语料库)

例 (198) 中，诺敏的父亲名叫“巴特尔”，蒙古语的意思是“英雄”。巴特尔整天不说话、不干活，非常懒。作者主观认为诺敏的父亲有“狗熊”一样愚笨、懒惰的属性，因此使用“狗熊英雄”来称谓诺敏的父亲。例 (199) 中，“天使”是指“天使投资人”，是对具有发展潜力的初创企业进行早期直接投资的人或机构。根据语境，有一些天使投资人十分外行，可能会给创业者造成巨大损失。在该语境中，“天使”具有“魔鬼”的属性。“魔鬼天使”被作者临时用来指称急于求成、目光短浅、专业水平不足的天使投资人。例 (200) 中，“午夜”一般不会有阳光，“阳光”

一般只出现在白天，作者临时使用“午夜阳光”指称极昼现象。例（201）中，“美女蛇”是指外表美丽、内心狠毒的女人。

粘合式反义定心配置可以看作是一个降级述谓结构，因此存在谓词隐含的情况。例如：

小大人——思想、行为表现像成年人的小孩

老小孩——思想、行为表现像小孩一样的老年人

女汉子——打扮、行为、性格像男性一样的女性

白痴天才——智能低下，却拥有天才特质的人

魔鬼天使——外表像天使，内心像魔鬼一样的人

由于人们对客观世界的各种事物属性的认识通常来源于日常经验。所以将粘合式定心反义配置转化为述谓结构不能仅从词汇意义上去寻求解释，应该从更高层次的、从人与客观世界的互动关系、认知方式中寻求相应的解释。由于隐含的谓词不同，定心反义配置内部语义歧义会导致隐含的语义角色不同。再如：

（202）很显然，作为女人，如果过于大大咧咧像个男人婆，甚至是抽烟喝酒粗话连篇，怎么可能有女人味可言？（人民网 2014-02-27）

（203）归根结底，套路和模式都是工业化批量生产的思路，说起“姐弟恋”便简单地捡起“男人婆”和“不成熟”的标签往人物身上一贴，虽然可以快速生产出流水线上的娱乐产品，却也丢失了尊重观众、体察真实生活的那颗诚恳的“匠人”之心。（《光明日报》2016-05-23）

“男人婆”是一个歧义短语，可以指“外表、性格像男人的女人”，也可以指“外表、性格像女人的男人”。可见，例（202）中的“男人婆”取第一个解释；例（203）中的“男人婆”取第二个解释。

从以上例句可以看出，粘合式定心反义配置在语用上具有称谓功能。袁毓林（1999）指出，“粘合式偏正结构经常用作某种特定事物的称谓方式，从而在语用上获得了称谓性的表达功能”。既可能是固定的称谓，如“小大人”“女公子”等，也可能是临时的称谓，如“狗熊英雄”“美女蛇”等。

从认知角度看，粘合式定心反义配置是一种单一意象，是通过预先构建或通过背景构建的。从属性固着角度看，它所表示的属性一般是所指对象固有的、为人们广泛认可的属性，具有客观性。

4.2.2 状心式反义配置的语义

状心式反义配置中，状语通常是描写性的，描写心语所代表的动作的情状，并对中心语起限制作用，语义上更多地强调“状”的部分。状心式反义配置主要有“X 地/的非 X”和“X 着非 X”两种格式，二者的语义特点各有不同。

从逻辑角度看，状心式反义配置都违反了形式逻辑矛盾律，具体表现在句子的命题意义是相冲突的。根据述谓逻辑分析，“X 地/的非 X”和“X 着非 X”的区别表现在两种命题的冲突方式不同。如例（95）中，“我们诚实的扯谎”中的谓项是“我们”，谓词是“扯谎”，有主命题 a［我们扯谎］。由“诚实的扯谎”得到降格命题 b［扯谎是诚实的］，推出命题 c［我们诚实］，a、c 两个命题互相矛盾。例（96）中，“她搂着母亲笑着哭泣”谓项是“她”，谓词是“哭泣”和“笑着”，有命题 a［她搂着母亲哭泣］，命题 b［她搂着母亲笑着］，a、b 两个命题互相矛盾。前者是主命题与降格命题之间存在冲突，后者是两个从属命题之间存在冲突。

“X 地/的非 X”格式中，状语通常描写心语的动作发出的方式，方式与心语的动作相悖。同时，状语也间接描写了动作发出者的状态。状语与心语的语义关系通常是“方式＋动作”，二者是矛盾对立的。

例（91）中，“一本正经”具有［＋规矩认真］的语义特征，“胡说八道”具有［－规矩认真］的语义特征，“一本正经地胡说八道”中状语和心语之间是反义关系。“胡说”这个动作是以一本正经的方式发出的。同时，状语“一本正经”也描述并显示了动作发出者“他”说话时认真、庄重的状态。例（92）中，“无声地诉说”中的“诉说”具有［＋发出声音］的语义特征，“无声”具有［－发出声音］的语义特征。状语和心语之间语义相悖，是语用层面的反义关系。“诉说”这个动作需要发出声音，以“无声”的方式实现。同时，状语“无声”间接描写了动作发出者“馆藏”的状态，即“没有声音”。

“X 着非 X”式通常描述动作发出者同时发出的两个动作，状语和心语的语义关系通常是“动作＋动作”，二者是矛盾对立的。

例（98）中，“死”具有［＋失去生命］的语义特征，与“活”语义相悖。根据语境，说话人是以“死”的态度“活”，因此是“活着死”。例（99）中，“睡觉”具有［＋闭眼］的语义特征，与“睁着眼睛”语义相悖。"睁着眼睛"是"睡觉"的方式。状语"睁着眼睛"描述了动作发出者"政府和人民银行"防范潜在金融风险应保持的状态。

"X 地/的非 X"格式中的心语部分通常表示显露在外的具体动作，状语部分通常表示伴随心语的动作产生的潜在的主观意识活动。如例（95）"诚实的扯谎"中，"扯谎"是"我们"发出的具体动作，"诚实"是伴随着"扯谎"这一具体动作的潜在主观意识活动，作者主观认为诚实的方式能够达到扯谎产生的效果。例（92）"无声地诉说"中，"诉说"是"馆藏"发出的具体动作，"无声"是伴随着"诉说"这一动作被人为赋予的潜在的主观意识活动。作者认为，"无声"的方式同样能产生与"有声"相同的信息传递效果。例（93）中的短语"睡一样地醒着"中，"醒着"是"我"发出的具体的持续性动作，"睡一样地"是伴随着"醒着"这一持续性动作的潜在的主观意识活动，认为醒着就像是睡着一样迷糊，形容浑浑噩噩的生活状态。

"X 着非 X"格式中，状语后面带附着成分"着"，表示状语的动作正在进行或状态的持续，不能省略。例句中"笑着哭泣"和"睁着眼睛睡觉"从形式上看，像是连谓短语。关于状心短语和连谓短语的判别，学术界存在一定的争议。我们依照向然（2012）的标准进行判别，如果 VP_1 修饰 VP_2，且涉及的论元相同，并处于同一动程，那么 VP_1VP_2 就是状心短语①。例（96）中，"笑着"修饰"哭泣"并且"哭"和"笑"涉及的论元都是"她"，哭和笑这两个动作同时发生，即这两个动程相同；例（99）中，"睁着眼睛"修饰"睡觉"，两个动作能同时发生，它们的动程相同，论元都是"政府和人民银行"。因此，这两例都是状心短语。例如"我去图书馆看书"中，"去"和"看"的两个动作不是同时发生的，存在先后次序，动程不同。此外，"去图书馆"和"看书"这两个动词短语互不作成分，因此这是一个连谓短语。

从性质看，"着"标记的状心式反义配置都是"$动_1$＋着＋$动_2$"的组合，两个动作均由同一个发出者发出，表示两个动作同时发生。如例（96）和例（98）中，一个人"哭着"的同时不可能"笑"，一个人"活着"的同时不可能"死"。两个动作均由行为主体发出，表示两个互相矛

① 向然. 论现代汉语中连谓语句和状中语句的区分方法［J］. 语文建设，2012（4）.

盾的动作或状态同时存在。该格式从语表上看似矛盾对立，从语里上看，是和谐共存的。“X 着非 X”格式是人们为了描述这种现象采用的特殊语言运用格式。

有时，“动$_1$”可以表示“动$_2$”的方式。例（97）“倒退着前进”中，“倒退”是“前进”的方式。例（99）中，“睁着眼睛睡觉”表示“睁着眼睛”是“睡觉”的一种方式。而例（96）“笑着哭泣”只能表示“笑”和“哭”两个行为动作同时进行。其中的原因与“着”以及“着”前面的动词在句中的特点有关。

关于助词“着”的意义，学术界存在一定争议。木村英树（1983）认为“着”有两个，分别表示动作的进行和状态的持续。袁毓林（1993）指出“V 着”表状态，有表禁止状态和运动状态的区别，但他不同意存在两个“着”的观点。认为“着”的同一性造成了“V 着”表达两种不同的状态意义的原因不在“着”，而在“着”前面的两种不同的动词小类，即同一个“着”的句法环境不同，可见两者对“着”的理解并没有本质上的不同。戴耀晶（1997）认为“着”可以有静态特性，表结果的持续；也可以有动态特性，表动作的持续。结果的持续是处于持续过程中的静态事件，其具体特征在于事件的内部结构没有变化。动作的持续反映某种变化，带“着”的句子表达的事件可以出现力的变化和位置的移动。尽管学术界对于标记“着”的认识存在差异，但有两点是一致的。一是“着”表达状态的持续，二是“着”表达的状态在不同环境中存在静态与动态的差异，这种差异体现在说话人的说话方式上。

例（98）中，“活着死”是说话人作为第一人称，说出的是现实（realis）（Givon 1994）事件。“着”在句中表达的是一个静态的事件，是一种持续的状态。“活着”中，“着”表现出静态的特征，表示动作“活”的静态持续的状态。例（96）中，“笑着哭泣”说话人说出的是一个正在发生的现实事件，说话人是作为一个“观察者”描述正在发生的事件。“着”在句中表达的是一个动态的事件，表示动作的持续。表明“笑”的动作在说话人当前情况下是动态持续的。可见，由于说话人的说话方式会影响行为主体发出动作的状态特征。这些特征可能是静态的，也可能是动态的。

有时，“X 着非 X”格式中前后两个变项之间相反或相对的意义不仅仅停留在表层，还蕴含在更深层的隐喻义中，需要结合语境考察。

如例（96）中，“笑着哭泣”揭示了“她”悲喜交加的心情，语义矛盾在表层。而例（99）和例（100）中“睁着眼睛睡觉”“穿着棉袄洗澡”不仅描述了同时进行的动作之间的冲突，还通过隐喻的方式揭示了某些道理，这些动作在语境中分别对应了相关现象，用来揭示这些现象的实质，论域往往潜隐在深层语义中。例（99）中，“睡觉”具有［＋闭眼］的语义特征，与“睁着眼睛”构成相反的语义关系，这是表层语义揭示的内容。从深层次的隐喻层面看，“睡觉”是指中国不会爆发大规模的金融动荡，政府和人民银行可以相对地放松监测。“睁着眼睛”是指对于潜在金融风险，需要不容懈怠地加以防范。放松监测和毫不懈怠地防范不能同时实现，这是隐匿在语里中的深层次冲突。“睁着眼睛睡觉”表明现阶段即使我国政府和人民银行的金融监测压力较小，也必须时刻保持警惕。“睁着眼睛睡觉”的表层论域是“睡觉的方式”，深层论域是“现阶段政府和央行针对金融风险的处理办法”。同理，例（100）中，“洗澡”必须光着身子洗，从表面上看，“穿着棉袄”与“洗澡”相矛盾。从深层的语义看，“穿着棉袄”是指当前的应试教育使人们必须全面地掌握各科知识，“洗澡”是指当今社会需要的是专长于一类的人才，“穿着棉袄洗澡”表明二者之间的矛盾，隐喻当今教育人才培养机制与社会实际需要相矛盾。对受教育者而言，全面地掌握各科知识是多此一举，也增添了不必要的学习成本。“穿着棉袄洗澡”的表层论域是“洗澡的方式”，深层的论域是“当前教育培养人才的方式与社会需求的匹配问题”。

与“X 地/的非 X”相比，“X 着非 X”对语境的依赖程度更高。在许多情况下，“X 着非 X”式的语义必须通过上下文语境才能理解，否则会产生歧义，有时并不是反义配置。例如：

（204）倒退着前进，才可以负担更重，旅行更远。在我们的生活中，处处可见“倒退”的智慧。（乐读网 2014-11-25）

（205）在你前进途中，声音从前方转移到后方时，记着多转头后望或者倒退着前进。（人民网 2013-12-03）

根据语境，例（204）中，“倒退着前进”是一种哲学智慧，体现了人们认识客观世界的辩证的思维方式。许多行为或现象，表面上看是在倒退，实际上看是在前进。例（205）中，“倒退着前进”是在描述一个人的运动状态。现实世界中，事物的运动取决于人为设定的参照物，无论“倒退”还是“前进”。从他人的角度看这个人的行为，这个人是在倒退；从自身角度看，这个人是在前进。因此本例中“倒退”和“前进”不是语用意义的相反或相对，而是对一个人实际运动状态的描述，因此不是反义配置。

4.2.3 心补式反义配置的语义

施关淦（2011）指出，含“得”的心补短语中，“得”的语法意义可以归结为表示动作、行为或变化的已然。“动/形＋得＋补”格式中的补语，通常可分为两大类，一是结果补语，二是程度补语。动作、行为或变化已经有了结果，那么本身应当是已然。谈程度，则必须以动作、行为或变化的已然为前提。已然大多是指既成事实，也可以是假设性的、愿望性的、经常性的或是怀疑性的。冯广艺（2000）指出，从补语的性质看，心补短语一般应具备以下几个特点：一是语义表达上应该有一致性。补语是心语的补述成分，是为心语服务的，不应该出现表义相反的情况。二是补语与心语应当存在内在的逻辑联系。如果补语与心语无内在联系，则无法体现补语的作用。三是心语在一个基础层次上，补语则是该基础层次上的附加层次，二者之间具有语义上的递进特征。心补式反义配置往往会突破第一个特点的限制，使前后语义表达不一致，形成违反形式逻辑矛盾律的变异性结构。

从语义类型看，心补式反义配置中，补语一般表示与心语的性状、行为有关的状况。根据邢福义（1997）对心补短语中带补心语和补语的语义关系的划分方法，我们将心补式反义配置中补语的语义类型分为结果补语、程度补语和评判补语三种。

结果补语，表示有心语的行为或性状所导致的状态和结果。心语和补语的语义关系是：Y是X所导致的结果。如例（110）中，“爱得恨了”，“恨”是“爱”导致的结果，爱一个人到恨一个人，暗含了心理行为转变。例（111）中，“精力集中得全分散了”，“分散”是“集中”导致的结果，努力集中精力，却导致了相反的结果。

程度补语，补语表示心语行为或性状的程度。心语和补语的语义关系是：X达到Y的程度。如例（103）中，“美得难受”，“难受”描述“美”的程度，表示非常舒服。例（106）中，“尽管演员狡狯得毫不狡狯”，“毫不狡狯”描述“狡狯”的程度，描述演员狡诈的程度之小。

评判补语，表示对心语行为、性状的评议和判断。心语和补语的语义关系是：Y评判X为怎么样。如例（101）中，“臭得香”，“香”是对“臭”这个味道的正面评价判断。例（107）中，“雅得这样俗”，“俗”是对“雅”的负面评价判断。

心补式反义配置中，以上三种补语的语义类型之间存在相互交叉或同时存在的情况。如例（100）“爱得恨了”中，“恨”是“爱”的结果，是结果补语。“恨”与“爱”是人们心理上主观连续的量，既表现出由爱生恨的因果关系，又表现出由爱到恨的心理行为的连续程度。这种程度是主观程度，表现由爱到不爱再到恨的程度变化，最终导致“恨”成为“爱”的结果，程度的转变隐含在结果之中。例（111）“李鸣觉得精力集中得全分散了”中，一方面表明“分散”是“集中”这一行为的结果，“全分散了”是表结果的补语。另一方面表明“分散”同时也显示了精力“集中”的程度。精力从集中到分散的心理行为是连续的，其中隐含了由集中到分散的程度变化。例（112）“京官穷得如此之阔”中，一方面表明“穷”达到了“阔”的程度；另一方面表明“阔”对“穷”的评判，有反讽的意味。“私铸禁得如此之广”，一方面表明“广”是“禁”导致的状态，禁止私铸这一举措反而导致私铸现象成为更加普遍、范围更大，补语部分在此既表明了结果也表明了程度。

心补式反义配置中，由于心语与补语意义相反或相对，补语同时是对心语的补充说明，使心补反义配置内部隐含了程度上的强烈反转，心语和补语之间隐含着转折关系。

这种由程度的强烈反转造成的语义转折是辩证的。如例（102）中，“丑得漂亮”中的“漂亮”补充描述了“丑”的程度，表明漂亮与丑陋并不是截然相反的，而是能够互相转化的。丑陋作为漂亮的陪衬，反衬出丑陋的价值。休谟认为，“美和丑不是事物的性质，而是感觉，事物的确存在某些属性，是由自然安排得恰适合于产生那些特殊感觉的”。美的特征包括构成美和丑的全部差异以及它们的本质。“丑得漂亮”中的“丑”反衬并突显了“漂亮”，“漂亮”是其所指事物“人”的实质。此处“丑”与“漂亮”相对，但并非“漂亮”本身的对立面，而是“漂亮”的一个方面。再如例（110）“爱得恨了”中的“爱”与“恨”相对，但此处的“恨”并非“爱”的对立面。“恨”里包含着“爱”，语表层面显示了程度上由爱至恨，语里层面显示了“爱”是“恨”的一个方面，“爱”本身包含于“恨”之中。因此，此处“恨”的特征包含了爱与恨的差异，也包含了爱与恨的本质内容，使“爱得恨了”中作为补语的“恨”的结果得以突显。

心补式反义配置的语里意义特殊，体现在对形式逻辑矛盾律的违反。如例（101）中，“臭得香”，臭的事物不可能同时又是香的，香的事物不可能同时又是臭的。例（111）中“李鸣觉得精力集中得全分散了”，一个人的精力不可能集中的，同时又是分散的。以上表述方式都违反了客观世界的普遍规律。

从述谓分析角度看，例（109）中，谓项是“秦老师”，谓词是“清贫”，有主命题 a［秦老师清贫］，由“清贫得让人觉得富有”得到降格命题 b［清贫得富有］，推出命题 c［秦老师富有］，a、c 两个命题互相矛盾。同理，例（111）中，“李鸣觉得精力集中得全分散了”，其中谓项是“精力”，谓词是“集中”，有主命题 a［精力集中］，由“精力集中得全分散”得到降格命题 b［集中得分散了］，推出命题 c［精力分散了］，a、c 两个命题互相矛盾。可见，心补式反义配置矛盾的根源在于逻辑命题之间的冲突。

心补式反义配置虽然都违反了逻辑矛盾律，但形补式反义配置和动补式反义配置所表述的语里内容各具特色。

形补式反义配置中，作为心语的形容词所指的内容通常是表面的，补语所指的内容通常是实质的。心语和补语之间的语义关系通常是“性状＋性状”。例如“臭得香”是指表面上闻起来臭，实际上吃起来香；“京官穷得如此之阔”是指京城官员表面上看起来很贫穷，实际上非常阔绰；“演员狡狯得毫不狡狯”是指演员的表演表面上看起来十分狡诈，实际上一点也不狡诈。可见，形补式配置的核心含义是其所指事物的表面与实质的相反或相对。

动补式反义配置中，作为心语的动词所指的内容通常是所指对象发出的某个动作或行为，补语通常指该动作或行为导致的结果。心语和补语之间的语义关系是“行为＋结果”。例如“爱得恨了”是指“爱”这一行为经过一段时间后变成了恨，恨是结果；“李鸣觉得精力集中得全分散了”是指“集中”这一行为动作发出之后达到了相反的结果，即“经历全部分散”；“鸦片断的如此之多”是指断绝鸦片这一行为动作发出之后，鸦片的数量本应当是减少的，却走向了预期的相反面，数量反而变得更多。可以看出，“爱”“集中”“断”这些动作或行为都具有延时性，而非瞬时的。

动补式反义配置中，从动作的发出到其产生的结果之间隐含了所指事物向行为动作的对立面转化的过程。

从语义指向看，心补式反义配置中，补语前指心语。此外，心语和补语作为一个整体前指句内或句外的主语。如例（104）“你真是糊涂得明白”中的“明白”指向“糊涂”。同时，“糊涂”和“明白”都指向“你”，还潜指“你的脑子”；例（109）中，“清贫得让人觉得富有”中的“富有”指向“清贫”，同时，“清贫”和“富有”同时指向该句外的“秦老师”。根据上下文语境，论域是“秦老师的生活”，经过进一步推断，得出“清贫”潜指“秦老师的物质生活”，“富有”潜指“秦老师的精神生活”。在脱离上下文语境的情况下，心语和补语同时指向的内容虽是抽象的，但也能通过其他方面推测出所指对象。例如倘若“臭得香”这一表述成立，那么必须存在一定的外部条件帮助理解，否则无法推测出具体所指。若被告知“臭得香”是饭店名称，“臭”和“香”的所指对象即是饭店，同时它们也潜指“饭店的口味”。

另外我们发现，心补式反义配置中，“V＋得＋补”格式即动补式中的“得”有“达成”之意，而“A＋得＋补”格式即形补式中的“得”没有“达成”的意思。曹秀玲（2005）认为，汉语中“得”字并没有仅仅停留在充当补语，而是进一步语法化为动补式的标志，其词义虚化为“达成”，既可以表示现实中的达成，也能表示意念中的达成。例如，我们说“吃得”“爱得”，其中“得”字的“达成”义并不足以表示结果，因此“得”的后面需要谓词性成分进一步说明，例如“吃得好”“爱得深”。动补式反义配置，如“爱得恨了”表示“爱”这一行为在发展过程中走向了对立面，达到了“恨”的程度，恨成了爱的结果，是现实中的“达成”。“精力集中得全分散了”表示精力的集中程度很弱，以致达到了“分散”，走向了集中的对立面，“分散”是“集中”这个动作的结果，是意念中的“达成”。而诸如“臭得香”“丑得漂亮”“糊涂得明白”这样的形补式反义配置中的“得”没有“达成”的意思。

4.3　本章小结

偏正式反义配置有定心式反义配置、状心式反义配置、心补式反义配置三个大类。从目前掌握的语料看，定心式反义配置的形式变化最丰富、使用范围最广，处于强势地位。相比之下，状心式反义配置和心补式反义配置的形式相对单一，使用频率较低。

（一）关于定心式反义配置

定心式反义配置共有三大类，分别是“非X的X”“X（方）的非X”和“X的Y”。定心式反义配置的基本句法功能是充当宾语，也能作主语、定语、状语、补语或独句。

我们根据定心式反义配置中意义相反或相对的两个语言单位之间的关系，定心式反义配置的语义可总结为三类，分别是：①事物的表象与实质相结合。②事物之间对立特征相融合。③限定事物部分特征。

“非X的X”格式只有显性形式，共有四种下位格式类型，分别是“没有X的X”“不是X的X”“不X的X”“非X的XN”四个小类。其中，“没有X的X”格式和“不是X的X”格式具有较强的语境适应性。“X”通常是名词，相当于“没有N的N”和“不是N的N”。二者语义上最显著的区别在于“没有N的N”中的“没有”用于客观叙述，具有［+客观性］的语义特征，是一个具有强烈客观性的表达结构；“不是N的N”中的“不是”用于表达主观意愿和判断，是一个具有强烈主观性的表达结构。“不X的X”格式和“非X的XN”格式中的“X”可以是名词、动词或形容词，还可能是兼类词，前一个“X”和后一个“X”的词性相同，也可能不同。由于汉语的词语缺乏形态变化，这两种格式与前两种格式相比，语境适应性较弱。“不X的X”格式和“非X的XN”格式中的“X”，都被按照特定的规约进行配置，这两种格式的语义需要根据它们入句后所显示的语法特性、语法职能以及语言环境来确定。

“X（方）的非X”格式中，能进入该格式的方位后置词通常是“中”或“里”。该格式在句中的功能相当于名词，在句中主要充当宾语。方位短语“X（方）”在该格式中通常表示范围语义，“中”“里”具有外延指示性。通过划定一个区域范畴，将定语和带定心语之间的反义关系异化为包含关系。从语表上看，定语和带定心语之间是相反或相对的关系。从逻辑上看，定语和带定心语之间是包含关系。“X（方）的非X”格式的语义特点，是将时段和精神意识隐喻为容器，使意蕴更加丰富。“X（方）的非X”格式的显性形式中，方位后置词“中”“里”的出现是出于标记语义的需要，有一些词语不需要方位后置词的帮助，同样能表示处所语义。若定语部分“X（方）”被主观默认为处所，则方位后置词可以隐去。

该格式中，方位后置词的功能在于显示处所义。

“X的Y”格式是定心式反义配置中最常见的形式，组合变化多样，具有较大的任意性，包括形形组合、动形组合、形名组合、动名组合、名名组合、形动组合、动动组合、名动组合共8种不同组合形式。该格式入句后，功能都相当于名词。“X的Y”格式中，大部分是组合式的定心反义配置，也有一部分是粘合式的定心反义配置。粘合式定心反义配置有“形名粘合”和“名名粘合”两种，具有称谓功能。粘合式定心反义配置是具有强烈凝固态势的反义配置。粘合式定心反义配置中的一部分可能会因为语义融合、句法凝固、语音整合等原因逐渐固化，形成固定短语或是“反义配置词”。

（二）关于状心式反义配置

状心式反义配置有“X地/的非X”和“X着非X”两类。状心式反义配置只有隐性形式。语料显示，状心反义配置主要的句法功能是充当谓语，有时充当主语、宾语、补语或独立使用。就目前收集的语料看，状心式反义配置的心语都是动词性的。

“X地/的非X”格式中，状语通常描写心语动作发出的方式，与心语的动作相悖。同时，状语也间接描写了动作发出者的状态。状语与心语的语义关系是“方式＋动作”。心语部分通常表示显露在外的具体动作，状语部分通常表示伴随心语的动作产生的潜在的主观意识活动。

“X着非X”格式通常描述动作发出者同时发出的两个动作，状语和心语的语义关系是“动作＋动作”。状语后面的附着成分“着”，表示状语的动作正在进行或状态的持续，不能省略。有时，“X着非X”格式具有深刻的隐喻义。与“X地/的非X”格式相比，“X着非X”格式对语境的依赖程度更高。

（三）关于心补式反义配置

心补式反义配置中，“得”是心补式反义配置的标志。从形式标记看，心补式反义配置只有“X得非X”这一种格式。我们根据性质将心补式反义配置分为形补式和动补式两类。心补式反义配置既有显性形式，也有隐性形式。

心补式反义配置中，心语和补语的意义相反或相对，补语同时是对心语的补充说明，使心补式反义配置内部隐含了程度上的强烈反转。心语和补语之间隐含着转折关系，这种由程度的强烈反转造成的语义转折是辩证的。

形补式和动补式的语义有所不同。形补式反义配置中，作为心语的形容词所指的内容通常是指表面的，补语所指的内容通常是实质的；动补式反义配置中，作为心语的动词所指的内容通常是所指对象发出的某个动作或行为，补语通常指该动作或行为导致的结果。其中，动补式中的“得”有“达成”之意，而形补式中的“得”没有“达成”的意思。这是因为汉语中的“得”字并没有仅仅停留在充当补语，而是进一步语法化为动补式的标志。“得”意义虚化为“达成”，既能够表示现实中的达成，也能够表示意念中的达成。

第五章　联合式反义配置

联合短语，是按照一定逻辑顺序排列结构成分，使结构成分之间具有联合关系。该类短语与其他成分配置短语不同，它们只能直接分析出按逻辑顺序排列的结构成分，无法直接分析出相互配对的句法成分。联合式反义配置，是言语使用者出于某种使用目的，刻意用并列连词和关联副词将意思相反或相对的两个语言单位组合在一起，形成语表上看似矛盾对立，语里实际和谐统一的言语运用现象。

与主谓式反义配置和偏正式反义配置不同。联合式反义配置中，意义相反或相对的语言单位是按照一定逻辑顺序排列的，语言单位之间具有联合关系，它们并没有被配置在具有特定句法功能的关系位置上。联合式反义配置都是联合短语，通常作为一个整体充当某个句法成分。

5.1　语表形式

联合式反义配置的语表形式特点是：联合式反义配置是由并列连词和关联副词将意思相反或相对的两个语言单位组合在一起，它们共同构成联合式反义配置的形式标记。我们将联合式反义配置按照形式标记分为“X又非X”及其变式、“既X又非X”及其变式、“X并非X着”格式三个大类。其中，“X又非X”及其变式包括“X又非X”格式和“X而非X”格式。“既X又非X”及其变式包括“既X又非X”格式、“又X又非X”格式、“既X且非X”格式和“既X也非X”格式。“X并非X着”格式单独作为一类。

语料显示，联合式反义配置的主要句法功能是作为一个整体充当谓语、宾语、定语或状语，一般不作主语和补语。

5.1.1 “X又非X”及其变式

“X又非X”及其变式包括“X又非X”格式和“X而非X”格式。

5.1.1.1 X又非X

“X又非X”格式的前后项由关系副词“又”连接，表示两个状态、动作或情况累积在一起，否定标记通常是“不”。该格式既有显性形式，也有隐性形式。例如：

(1) 苦楝树说它普通又不普通，这除了它和一般树一样，躯干可以当木材制作各种器具外，它的种子树皮根皮都可以入药。(北大语料库)

(2) 然而又诚如古希腊哲人所说：“人不能两次踏入同一条水中”，现实的奥秘恰恰在于它处在与历史相似又不相似的特殊景况中。(北大语料库)

(3) 真怕暑假但我又希望暑假到来，因为上学时不能睡懒觉，不能多看电视，不能出去旅游，暑假时能实现就是这样，喜欢又不喜欢。(人民网 2013-07-03)

有时，“非X”在前，“X”在后。例如：

(4) 写在文章里的话当然是经过了一番选择和思考的，然而仍旧要保持跟生活里说的话一样自然。写东西“不难又难”的道理，似乎就在这里。(北大语料库)

(5) 到会不是讲话，就是陪坐。你说这不是工作又是工作，说是工作又不是踏踏实实的工作。(北大语料库)

(6) 为什么白给人吃啊？这个豆腐坊掌柜的不是掌柜的……说不是掌柜的又是掌柜的。(北大语料库)

(7) 对我自己，把这半个世纪的散文汇集起来出版，大概也可以说是一个小小的纪念——不应该忘却又应该忘却的纪念。(北大语料库)

以上都是显性形式，除此之外还有隐性形式。例如：

(8) 他正色道：“那美丽又狠毒的女人，想要我做什么？”(倪匡《蛇神》)

(9) 而那群熟悉又有点陌生的樟林，给我亲切、信赖、宁静与宽容，种种与家联系着的纯真情感。那是我的香格里拉。(蒋祖煊《香樟年记》)

(10) 要过了很多年，我们才有了平常心，喜欢又讨厌这个城市，像平民一样喜欢和讨厌。(艾晓明《艾晓明小说集》)

（11）这种阅读的快感如何形容呢：就像赤身站在刑房，栗栗危惧又极为焦渴地等着狱卒甩下浸过水的鞭子。（阿乙《作家的敌人》）

“X又非X”格式中，“又”的前面可以添加“但”类词，其中“而”“但”“却”使用频率最高[①]。“但”类词嵌入“X又非X”格式后，显性形式和隐性形式的分布存在差异。

使用“而又”连接的前后两个变项，相当于“X而又非X”式，与原格式“X又非X”式除了标记不同，前后两个变项没有明显区别。该格式既有显性形式也有隐性形式，使用范围很广。显性形式有：

（12）它通过一触即发的互联网来运行数学公式，从而操纵国际金融市场，这个轴心无处不在而又不在任何地方。（北大语料库）

（13）“一个从向往革命到投身革命而对革命却充满热情而理解不足的天真的女性”——文如其人而又不如其人，是这样的吧。（金克木《金克木人生漫笔》）

（14）这就是我们的英雄，一个很平常而又极不平常的人，一个最善良而又最顽强的人。（老舍《无名高地有了名》）

有时，“非X”在前，“X”在后，相当于“非X而又X”式。例如：

（15）《一个不幸而又幸运的“知青”女儿》（《成都晚报》1993-12-14）

（16）这也可以说，事不凑巧而又凑巧，肖飞才跟何家父子相遇在此地。（刘流《烈火金刚》）

（17）可是，“写书的人”也藏有“危险性”，却非“二太太”梦想得到，所以昨天发生的小插曲，在“二太太”一定有不幸而又幸焉的感觉。（茅盾《生活之一页》）

隐性形式有：

（18）这一切，不是因为孤独或疯狂，而是因为爱，一种苦涩而又甜蜜的爱。（米兰《红舞鞋》）

（19）这位在电力部门摸爬滚打了数十年的“老电力”不无幽默而又辛酸地说：“在湖南，体现一个调度员最有水平的重要标志之一是会接闸。”（北大语料库）

---

① “但”类词，是指“但、但是、可、可是、却、而”等表示转折关系的连词或关联副词。

（20）人的一生是短暂而又漫长的，许多人成天忙忙碌碌却无所作为。（贺雄飞《犹太人之谜》）

（21）是什么像环绕我们周围的空气一样微不足道而又不可或缺？（北大语料库）

相比之下，“但又”和“却又”连接的“X 但又非 X”和“X 却又 X”通常是隐性形式。例如：

（22）他们尤其蔑视那种“不怕失去读者，不怕以牺牲读者为代价”的虚张声势孤芳自赏的“小圈子里”的所谓高雅文学，对无私的分享艰难的“大善”进行热烈但又蕴藉的讴歌。（北大语料库）

（23）这桩普通但又特殊、简单却很棘手的跨省甲鱼案暂告一个段落。（北大语料库）

（24）她算不上漂亮，但她那淳朴的气质，给我留下的第一印象是很深刻的。就这样，我认识了这位极其普通但又与众不同的中国姑娘。（北大语料库）

（25）它是一个可笑的却又让人笑不出来的笑话，是一部抒胸臆吐块垒的黑色幽默作品。（北大语料库）

（26）现在，当我来到这座古老却又年轻的城市，看到一幢幢拔地而起的现代化高楼和许许多多旧式民居并排而立。（北大语料库）

（27）去年九运会后才退役的孙淑伟上周五来到北京，回到了他曾经生活、训练过 10 年的地方——国家跳水队。这里的一切是那么的熟悉却又都显得陌生。（北大语料库）

5.1.1.2　X 而非 X

“X 而非 X”格式，是由连词“而”连接两个并列的双音节形容词，二者内容互相补充。该格式只有隐性形式。“而”的后面都可以添加“又”，意思基本相同。例如：

（28）闻一多的目光温和而冷峻，温和与冷峻，这两个截然相反的形容，恰恰构成他的独特表情。（肖克凡《黄冈表情》）

（29）李先生是一位平凡而伟大的艺术家、收藏家。他在 85 岁的时候，把珍藏和创作的艺术品一千六百余件，捐赠给《中国美术家》永久收藏。（郑理《我与书画艺术家》）

（30）2300 万勤劳勇敢的新疆各族儿女自强不息，努力奋进，团结一心，在古老而青春的新疆大地上不断创造新的人间奇迹。（人民网 2015-09-30）

（31）彩票是一个古老而新鲜的事物，有着几千年的发展历史。新中国的彩票史较短暂，始于上世纪 80 年代末。（新华网 2016-06-30）

（32）我古老而年轻的祖国啊，
我是你广袤大地上一棵稚嫩的幼苗，
摇曳在你温暖呵护的怀抱，
我是你无垠天空中一只飞翔的小鸟，
鸣唱在你春风和煦的心头。（陈厚桦《华夏魂》）

5.1.2　“既 X 又非 X”及其变式

“既 X 又非 X”及其变式包括“既 X 又非 X”“又 X 又非 X”“既 X 且非 X”和“既 X 也非 X”四种格式。

5.1.2.1　既 X 又非 X

“既 X 又非 X”中，“又”连接意思相反的两个变项，表示同时具有两个方面的性质或情况。变项一般是谓词或谓词性短语，既有显性形式也有隐性形式。例如：

（33）他与索拉人既相似又不相似，他也有头，有口，有胳臂和双手，有双眼，有躯干；但他的尾巴是分叉的，分叉尾巴的下端也有指头。（王晋康《水星播种》）

（34）我回到客厅中，既怕碰见又想碰见尼摩船长，既要又不要看见他。（北大语料库）

（35）但离休后，对他推荐上来的年轻部长常志既放心又不放心，种种猜测，心里又产生矛盾，甚至产生误会。（北大语料库）

（36）有的缺口很多，整副牙就像交替的钢琴黑白键。奇形怪状的。毒蛇一样向内弯曲的。变形木条样膨起的。像被暴风雨破坏过的栅栏，既有规律又毫无规律。（周晓枫《齿痕》）

有时，“非 X”在前，“X”在后，但这种情况比较少见。例如：

（37）这个世界要叫所有的乡间小路上开起既不寻常又寻常的花朵来，是每日转瞬即逝的珍宝，又是散步中意外的收获。（马塞尔·普鲁斯特《追忆似水年华》徐和瑾译）

有时，前后项能常加入判断动词“是”，对某个事物同时予以肯定和否定判断，相当于“既是 X 又不是 X”。例如：

（38）“他既是巨人又不是巨人。”卫队长也压低声音说。（刘慈欣《三

体》)

(39) 对于他们来说，100 街以北既是纽约又不是纽约。在扔一块石头都可以够得着的距离当中。同时并存着人世间的天堂和地狱。(森村诚一《人性的证明》丁国祯译)

隐性形式中，前后项一般是谓词或谓词性短语。例如：

(40) 当年的知青对“战天斗地”的乡土有一种既恨又爱欲罢不能的感情。(北大语料库)

(41) 这就是政治，既复杂又简单。(北大语料库)

(42) 这既年轻又苍老的语声，正是盛大娘独有的，无论谁只要听过一次，便再也不会忘记。(古龙《大旗英雄传》)

(43) 金蓉对他这种亲密的动作既喜欢又讨厌，总感觉像是在摸一个小孩子。(北大语料库)

(44) 他对希特勒所取得的成就既羡慕又嫉妒，但他仍缺乏信心。(肖石忠《二战风云人物》)

(45) 李××以自己为中心画了一个圆圈，他自己既是起点又是终点。(北大语料库)

有时，“既 X 又非 X”格式中，“又”的前面能嵌入“但”类词“而”“但”“却”。例如：

(46) 自从人既是动物而又不是动物时起，也就是大自然从生物世界飞跃而发展出社会世界时，社会已是个人生于斯、死于斯的不断新陈代谢的久长和稳固的实体。(北大语料库)

(47) 短短几千个字，却是第一次把国王和贵族之间一直以来既约定俗成但又模糊不清的权利关系，转化为了明确的法律文字。(北大语料库)

(48) 今夜，在我的灯下，我终于感觉到一种中年的心情了……这是一种既复杂却又单纯，既悲伤却又欢喜，既无奈却又无怨的心情。(北大语料库)

5.1.2.2　又 X 又非 X

“又 X 又非 X”格式与前文所述的“既 X 又非 X”格式，在形式上没有显著的不同，仅前项中的“既”换为了“又”。“又”连接具有反义关系的前后两个变项，表示同时具有两个方面的性质或情况。变项通常是谓词或谓词性短语。从变项的音节数量看，“又 X 又非 X”格式可以连接单音节词，形成四字格，而“既 X 又非 X”格式通常不这样用。

显性形式中，变项中的否定词通常是“不”或“没有”。例如：

(49) 主观上要认真地演，演武松要像武松，演曹操要像曹操。应当是又像又不像，二者辩证地统一起来。(周恩来《在文艺工作座谈会上的讲话》)

(50) 十一二岁的时候，我觉得冬天是又好又不好。(茅盾《冬天》)

(51) 他沮丧地向下一看，发现了原委；同时灵机一动，想出了一个又实际又不实际的主意。(北大语料库)

(52) 等吴为语无伦次、颠三倒四说完她和胡秉宸的纠葛，佟大雷还是又信又不信。(张洁《无字》)

(53) 他们俩沿着江从十六铺码头走到公平路上港四区五区，眺望着滔滔的黄浑浑的江水又希望又不希望觅见他们的大藤。(王晓玉《紫藤花园》)

(54) 文化毕竟不是谜语，是又有谜底又没有谜底的。(北大语料库)

隐性形式有：

(55) 我的头好重，我用手支撑着，将脸埋在掌心中，觉得又冷又热，又轻又重，我要死了吧，不然怎么这么难受。(卫小游《A到好尪》)

(56) 你不会了解一个又骄傲又自卑又有天才的男人是什么？(琼瑶《梦的衣裳》)

(57) 矛盾着的对立面的又统一又斗争，推动着事物的运动和变化。(《厦门日报》1964-07-14)

(58) 刘福子是个又讨人厌又讨人喜欢的人，什么话从他嘴里说出来都有滋有味。(张志民《再等待》)

(59) 学生们穿着顺便、简单，一副美国中学最典型的又颓废又活力四射的样子。(郁秀《不会游泳的鱼》)

“又X又非X”格式与前文所述的“既X又非X”格式中，最显著的不同在于“既是X又不是X”中的“X”通常是名词，而“又是X又是非X”格式中的“X”通常是动词或形容词。例如：

(60) “是啊，谁也想不到。”一群人你看我我看你，又是兴奋又是发愁。(雅易安《从头再来》)

(61) 小龙女麻软在地、又是好气又是好笑，心想自己武功虽然练得精深，究是少了临敌的经验。(金庸《神雕侠侣》)

(62) 孙大娘一见肖飞，就又是惊慌又是喜悦：“哟！我那孩儿哪！你

可来了！”（刘流《烈火金刚》）

(63) 她握着那条大手帕，却震动得连擦眼泪都忘了。她只是含泪瞅着他，不信任的，狂喜的，又要哭又要笑的瞅着他。（琼瑶《雁儿在林梢》）

(64) 我知道这点礼物不比鸿毛有分量，然而一想老哥哥用残破的牙齿咀嚼着饼干时的微笑，自己的心又是酸又是甜的。（臧克家《老哥哥》）

有时，“又X又非X”式中，“又$_2$”的前面能嵌入“但”类词“而”“但”“却”，构成隐性形式。例如：

(65) 如果光子又是粒子又是波，那么猫为什么不是又死而又活着？（北大语料库）

(66) 屋子里出现了又激昂但又僵硬的空气，足有一两分钟没人作声。（曲波《林海雪原》）

(67) 连这些出入于校园的小小孩子，都有着膏粱华腴风范，又可恶却又迷人。（王安忆《桃之夭夭》）

5.1.2.3　既X且非X

“既X且非X”只有隐性形式，“且”连接两个单音节形容词，多用于书面语。例如：

(68)《“四欧”及“既丑且美”之外——吴湖帆的昭陵碑拓鉴藏》（《东方早报》2016-02-24）

(69) 超理既大且小，犹如漫步反省的天空那样广阔，也像人体里的细胞一般狭窄。（荣格《红书》林子钧、张涛译）

(70) 美丽的景色既动且静，让人情不自禁地感叹大自然的鬼斧神工。（载《传奇·传记》2013年第3期）

(71)《既远且近的悖论——阐释间距与文学典籍翻译创生》（刘晓辉，载《天津外国语大学学报》2015年第4期）

5.1.2.4　既X也非X

“既X也非X”格式中，“也”连接前后两个变项，前项表示对后项的进一步补充说明。前后项是两个结构相同或相似的词或短语，通常音节数相同。该格式既有显性形式，也有隐性形式。例如：

(72) 中欧的毕业生找工作既容易也不容易，说容易是有很多企业都愿意招中欧的学生，因为中欧在上海的影响确实非常大。说不容易是因为中欧学生的目标太高，一定要去欧美企业，而且最好是幸福500家。（北

大语料库）

（73）按印数抽版税，这办法包含着既合理也不合理的两重性。（北大语料库）

（74）可以说她既知道也不知道。她的认识来自西方当代整个后结构主义理论思潮对西方传统的形而上学、逻各斯中心论的批判，有其自身的发展历史。（北大语料库）

显性形式中，有时“X”在前，“非X”在后。例如：

（75）全国政协常委、中国伊斯兰教协会会长陈广元阿訇说，美国“国际宗教自由委员会”一年一度搞这么一个报告，既不可读也可读。（北大语料库）

（76）1977年7月14日，现任的卡纳文勋爵在纽约接受电视访问时，曾表示“既不信也不不信这种事”。（北大语料库）

变项中有时有判断动词“是”。例如：

（77）影片中反复出现的呜呜那奔跑的脚步，脚下一级级向上延伸的台阶，既是具象也是意象——那是一种奋发向上精神的象征。（北大语料库）

（78）使用电脑来画画和用真正的画笔画画最大的区别是画家手上苦练多年的童子功无法充分体现出来。这一点既是缺点也是优点。（北大语料库）

（79）1991年，县领导班子成员13人赴南方考察学习，开阔了眼界，终于发现山多石头多既是劣势也是优势。（北大语料库）

5.1.3　“X并非X着”格式

“X并非X着”格式是联合式反义配置中最特殊的格式。“X并非X着”是一个固定结构槽，只有单音节和双音节的谓词性成分能进入该结构槽，该格式只有隐性形式。例如：

（80）这种痛并快乐着的表情同时出现在一个人的脸上，可能只有练习举重的人才能体会到其中的滋味。（北大语料库）

（81）那种始终如一的品行，让人又疼又爱。就像这咖啡一样，苦并甜蜜着。（高克芳《七年之痒》）

（82）再看日韩关系，日本对韩国同样是爱并恨着。（人民网2012-08-23）

（83）《付出并收获着》（人民网2012-09-07）

(84) 对于很多人而言，这个龙年春节过得跟往年一样快乐并烦恼着。(人民网 2012-01-30)

(85)《相亲，痛并快乐着》(《大庆晚报》2013-05-04)

除以上几种格式之外，联合式反义配置还有连用的形式。例如：

(86) 作品鉴赏世界文学中写妇女平凡而又伟大、可怜而又可敬、柔弱而又坚毅形象的作品数不胜数。(北大语料库)

(87) 我奇异地想，在我周围，是芸芸众生的人们。他们既伟大又渺小，既善良又丑恶，既勤劳又懒惰，既有反抗精神又安于苟且偷生。(北大语料库)

(88) 进入少年期，人的心理发展处于半幼稚、半成熟的过渡状态。他们既有独立性又有依赖性，既有自觉性又有幼稚性，既懂事又不懂事，既像大人又像小孩。(北大语料库)

5.2 语里意义

5.2.1 联合式反义配置的语义

在前两章中我们讨论过，句子本身命题意义之间的悖反是反义配置内部语义的冲突根源。联合式反义配置的语表形式多样，相互冲突的命题形式和冲突产生的方式是相对固定不变的。联合式反义配置中，相冲突的命题来源有两种，一种是主要命题相冲突，另一种是降级命题相冲突。

主命题相冲突的情况，是指在联合式反义配置中，句子的主语就是冲突命题的谓项，并列的谓语就是矛盾对立的两个谓词。例如：

(89) 全国政协常委、中国伊斯兰教协会会长陈广元阿訇说，美国“国际宗教自由委员会”一年一度搞这么一个报告，既不可读也可读。(北大语料库)

例 (89) 中，两个相冲突的命题分别是：

a［报告可读］

b［报告不可读］

谓项“报告”是谓词“可读”和“不可读”的修饰或限定的对象，“可读”和“不可读”是句子表层并列的谓语。相冲突的命题都来自主要述谓结构。

降级命题相冲突的情况，是指在联合式反义配置中，谓项是偏正结构的中心语，谓词是联合关系的修饰成分。例如：

(90) 人体是个复杂奥妙的机体，在这既熟悉又陌生的人体内，有许多我们必须了解的知识，诸如人从哪里来？皮肤和毛发怎样保护人体？(北语语料库)

例 (90) 中，两个相冲突的命题分别是：

a [人体熟悉]

b [人体陌生]

谓项“人体”作偏正结构的中心语，谓词“熟悉”和“陌生”是两个联合关系的修饰成分。相冲突的命题都来自降级述谓结构。

卫志强等 (1996) 对汉语中的“似矛盾句”，即联合式反义配置作谓语的情况进行了研究，指出“无论语境存在与否，似矛盾句的语义理解和它的两个不同的语义层面有关”。同时，对“似矛盾句”的语义理解模式进行了测试。测试表明，“似矛盾句”的整体语义呈现多义性的特点，在静态的、脱离语境的情况下，有七种理解方式。这表明联合式反义配置对语境的依赖性很强。韩玉国 (2002) 在此基础上进一步对汉语似矛盾句在内涵逻辑的框架内进行描写。并指出，话语的理解需要预设的参与，在逻辑类型的确定和逻辑结构分析的过程中也需要预设的参与。一个句子的表面句法结构，并不一定体现内在的逻辑判断结构。我们在此基础上，结合联合式反义配置自身的语义特征，对联合式反义配置的语义进行进一步解读。

联合式反义配置的句法结构比较简单，而语义结构相对复杂，句法结构必须借助理解策略才能将结构中所隐含的语义内容体现出来。Franz Bretano 指出，一个句子的语表结构，不一定能体现内在的逻辑判断的结构。他提出逻辑判断具有两种基本形式，即“主题判断”(categorical judgement) 和“非主题判断” (non-thematic judgement)。从认知角度看，主题判断是先对一个实体 (主体) 进行命名，然后对其进行描述；非主题判断是直接将某个事件或者状态作为一个整体描述。例如：“小王很聪明”是一个主题判断，我们先将主体称呼为“小王”，再对“很聪明”的特征进行描述。“称呼”可以抽象为“存在”，“存在”与预设相联系。也就是说，“存在”本身就是一种预设。当我们谈论“小王很聪明”，首先要预设小王是具有一定智力水平、比较会做事的人。所以“小王很聪明”

的逻辑结构是：存在$_{(小王)}$ ∧ 聪明$_{(小王)}$。“小王又聪明又不聪明”是一个非主题判断，不会先对一个实体“小王”进行命名，而是直接将“小王”的状态或特征进行整体描述，即“又聪明又不聪明”。“小王又聪明又不聪明”没有预设，无法通过句法结构判断其内在的逻辑判断的结构。人们对联合式反义配置的结构采取的是“非主题判断”，因此语义理解必须依靠预设的帮助才能实现。

我们通过观察发现，联合式反义配置的语义解读一般从两种角度出发。一是描述或说明某个事物给人的感受是什么，二是反映或说明同一个事物中相反或相对的两个不同方面。基于此，我们将联合式反义配置的结构义总结为两种：

①对立的感受或状态的加合式并存。

②事物或规律的两个对立面的平行式并存。

下面我们分别举例说明。

“对立的感受或状态的加合式并存”是指某事物使表述主体产生两种相互矛盾对立的感受或状态，这两种感受或状态同时存在，并且是融合在一起的。例如：

(91) 这既年轻又苍老的语声，正是盛大娘独有的，无论谁只要听过一次，便再也不会忘记。(古龙《大旗英雄传》)

(92) 明明迟到了，上班就要晚了，还是坚持做，给最爱的人煮完咖啡，摆好杯碟，留下字条，方可出门。那种始终如一的品行，让人又疼又爱。就像这咖啡一样，苦并甜蜜着。(高克芳《七年之痒》)

(93) 我的头好重，我用手支撑着，将脸埋在掌心中，觉得又冷又热，又轻又重，我要死了吧，不然怎么这么难受。(卫小游《A 到好尨》)

(94) “那么我们就去拼杀!”“孙达得同志把什么都弄明白了!”屋子里出现了又激昂但又僵硬的空气，足有一两分钟没人作声。(曲波《林海雪原》)

例 (91) 中，“年轻”和“苍老”是“语声”给主体“我”的两种不同感受。这两种感受是矛盾对立的，同时又是交织在一起的。例 (92) 中，“苦”和“甜”是“咖啡”给人的感受，这两种感受混合在一起，既是味觉的感受，也是内心的感受。例 (93) 中，“冷”和“热”、“轻”和“重”都是在描写主体“我”的主观感受，这两种感受是同时存在的。例 (94) 中，“激昂”说明各位同志斗志昂扬，“僵硬”说明既然是拼杀，必然会出现流血牺牲。“又激昂但又僵硬”表面上看是在描写空气的特点，实际上是在描绘会议气氛给人的主观感受。“激昂”和“僵硬”表现同志们高昂的斗志和对牺牲的担忧这两种感受同时存在。

“事物或规律的两个对立面的平行式并存”是指描述或说明同一事物或规律的矛盾对立的两个方面。这两个方面既不冲突，也不融合，是同时存在的。例如：

(95) 按印数抽版税，这办法包含着既合理也不合理的两重性。体现了按劳取酬的优点，是比较合理的一面。它的不合理方面表现为两种情况：（一）中国是一个大国，读者人数众多，将来随着教育发达，书籍的销售量惊人，会使作家的版税收入过多。（二）书籍的销售数量和质量并不是完全一致的，有不少书由于某些条件起作用，虽然思想不是很高，写作粗糙，艺术性一般，甚至谈不到有艺术成就，却能在一定期间大为畅销，而某些较有价值的作品却在销售上不能与之相比。（北大语料库）

(96) 他与索拉人既相似又不相似，他也有头，有口，有胳臂和双手，有双眼，有躯干；但他的尾巴是分叉的，分叉尾巴的下端也有指头。（王晋康《水星播种》）

(97) 到会不是讲话，就是陪坐。你说这不是工作又是工作，说是工作又不是踏踏实实的工作。（北大语料库）

(98) 因此苏俄与英国对于中国抗日战争的基本立场，一直是采取既联合又斗争的战略手法，当中国面临危机的时候，他们会给中国一点最低的援助，以防止中国放弃抗日的意志；但是一旦中国要有所振作，他们就会立刻卡住中国的命脉。（北大语料库）

例 (95) 中，“既合理又不合理”说明表述主体“按印数抽版税”这一政策合理的方面以及不合理的方面。合理的方面在于能够按劳取酬，不合理的方面在于作家版税收入过高，有价值的作品不畅销。“按印数抽版税”的“合理”与“不合理”同时存在。例 (96) 中，“既相似又不相似”描述或说明主体“他”与“索拉人”外貌的异同。相似的方面在“有头，有口，有胳臂和双手，有双眼，有躯干”，不相似的方面在尾巴。例 (97) 中，“不是工作又是工作”是对主体“开会”两个不同方面的主观判断。从表面上看，开会是在工作。从实际上看，到会只是讲话、陪坐，没有付出努力、没有达到效果。表面上和实际上体现的两个不同方面是平行关系，这两个方面是同时存在的。例 (98) 中，“联合”和“斗争”是两相对立的战略手法。在中国面临危机的时候联合，在中国有所振作的时候斗争。“既联合又斗争”说明并描述了苏俄和英国对中国战略手法的两个不同方面。“联合”和“斗争”是平行关系，并且二者是同时存在的。

5.2.2 标记格式间的语义差异

联合式反义配置，是由并列连词和关联副词将意义相反或相对的两个语言单位组合在一起形成的。

联合式反义配置中，由并列连词和关联副词组成的关系标记总共有7大类，分别是“……又……”“……而……”“既……又……”“又……又……”“既……且……”“既……也……”“……并……着”。它们的作用在于将意思相反或相对的两个语言成分强制连接起来，既强调两种属性同时存在，又突出属性间的逆转关系。意义相反或相对的语言单位都属于同一个语义场，语义上有时强调后者，有时前后两个变项的语义处于同等地位。例如：

(99) 苦楝树说它普通又不普通，这除了它和一般树一样，躯干可以当木材制作各种器具外，它的种子树皮根皮都可以入药。这是一般树所不具备的。(北大语料库)

(100) 资源没能开发出来，农民长期坐在金山上挨饿。花岗石质优品种多，石膏储量居全国首位，石灰石分布更广，还有黄金。1991年，县领导班子成员13人赴南方考察学习，开阔了眼界，终于发现山多石头多既是劣势也是优势。(北大语料库)

(101) 我回到客厅中，既怕碰见又想碰见尼摩船长，既要又不要看见他。(北大语料库)

(102) 矛盾着的对立面的又统一又斗争，推动着事物的运动和变化。(《厦门日报》1964-07-14)

例(99)中的“普通”和“不普通”，例(100)中的“是劣势”和“是优势”，例(101)中的“要”和“不要”，例(102)中的“统一”和“斗争”。孤立地看，它们的意思都是相反的，没有连接成分使它们构成一个整体。“……又……”“既……也……”“既……又……”“又……又……”的功能在于将它们强制连接成为一个整体。前后意义相反的语言成分不能随意互换。例(99)和例(100)语义上都强调后项，例(101)和例(102)语义处于同等地位。

从整体上看，联合式反义配置的标记格式总共有 7 种，分别是“X 又非 X”“X 而非 X”“既 X 又非 X”“又 X 又非 X”“既 X 且非 X”“既 X 也非 X”和“X 并非 X 着”。这七种标记格式的逻辑基础存在差异。其中，“X 又非 X”“既 X 又非 X”“又 X 又非 X”“既 X 且非 X”“既 X 也非 X”和“X 并非 X 着”这六种格式中，前后两个变项之间本来隐含着转折关系，并列连词和关联副词的作用在于将转折关系转化为并列关系。也就是说，逻辑基础都是转折，主观视点上转化为并列，于是语表上标示为并列，强调并列关系和转折关系的并存。

语料显示，联合式反义配置中，“但”类词倾向于同“又”配合使用。“X 又非 X” “既 X 又非 X”和“又 X 又非 X”这三种格式中经常嵌入“但”类词。“但”类词嵌入后，并列关系转化为转折关系。

“X 而非 X”格式与上述其他六种格式不同。该格式前后两个变项“X”和“非 X”本来具有意义上的转折关系，标记词“而”的作用，在于显示这种转折关系。即逻辑基础是转折，主观视点上强化转折，于是语表上标示为转折。

从形式上看，“而”前后连接成分“X”和“非 X”只有形容词，且书面语色彩较浓。因此“X 而非 X”格式相较于其他主谓式反义配置格式，形式变化很少。从语义方面看，“X 而非 X”格式中，“而”的后面加上“又”之后，意思基本相同。例如：

(28’) 闻一多的目光温和而（又）冷峻，温和与冷峻，这两个截然相反的形容，恰恰构成他的独特表情。（肖克凡《黄冈表情》）

(29’) 李先生是一位平凡而（又）伟大的艺术家、收藏家。他在 85 岁的时候，把珍藏和创作的艺术品一千六百余件，捐赠给《中国美术家》永久收藏。（郑理《我与书画艺术家》）

(30’) 2300 万勤劳勇敢的新疆各族儿女自强不息，努力奋进，团结一心，在古老而（又）青春的新疆大地上不断创造新的人间奇迹。（人民网 2015-09-30）

我们将例（28’）、例（29’）和例（30’）中添加“又”，意思与原例基本相同。可见，“X 又非 X”及其变式“X 而非 X”的语表不同，逻辑基础也不同，但语义基本相同。

“既 X 又非 X”及其变式之间的形式和语义十分相似。李晋霞（2015）在《相似复句关系词语对比研究》中指出，从语义上看，“既……

又……”和“既……也……”的区别是，“既……也……”的重点一般在后项，“既……又……”的前后项意思相对独立，语义上都被强调。而在联合式反义配置中，这些区别并不明显。

“X并非X着”是联合式反义配置中较为特殊的一类格式。焦蕊（2004）、陈双玉（2008）、温锁林（2014）等人已对“A并B着”结构进行了较为系统的研究。其中，温锁林（2014）的研究最具代表性。他运用构式语法的相关理论全面地描写分析了“A并B着”构式的句法和语义的特殊性，指出“A并B着”的构式义是“呈现感知或经历着的两种交织并存的心理状态并凸显后一种状态”。他认为该格式是一个原型范畴，具有“动态持续”的语义特征。

“X并非X着”即是温文中提到的“矛盾式交织并存”，表示“‘X’与‘非X’相矛盾，既X又非X，而且是更‘非X’”。“X并非X着”格式语义上强调后一个变项，具有很强的语境适应性，经常单独作为标题使用。其他格式的联合式反义配置通常不用作标题，例如：

《痛并快乐着》（白岩松著）

《痛并快乐着》（齐秦1995年专辑名）

《高校评估：痛并快乐着》（《中国科学报》2014-09-04）

《幸福并痛苦着，悲伤并快乐着》（短文学网2011-10-19）

《谦虚并骄傲着》（《长江日报》2015-09-07）

“X并非X着”格式与其他格式语义的不同之处主要体现在两个方面，一是能表示动作或状态的持续，二是能凸显后项的动作或状态。联合式反义配置的其他格式则没有这两个特点。例如：

（103）对于很多人而言，这个龙年春节过得跟往年一样<u>快乐并烦恼着</u>。南京市环保局通报称，1月27日的空气质量监测结果显示，该市市民迎接财神的彻夜鞭炮不仅给城市各处带来了危险的火情，同时也“炸”出了新年里空气污染最严重的一天。（人民网2012-01-30）

（104）现在，越来越多外国人开始明白中国人从各地跋山涉水、赴一场年度团聚的执着，理解春运回家路上“<u>痛并快乐着</u>”的心情，羡慕一家人围炉夜话、共享天伦的圆满。（《人民日报》2017-01-27）

例（103）中，“快乐”是指春节期间人们的心情快乐，“烦恼”是指人们都因放鞭炮带来的安全问题和环境问题而烦恼。“快乐”和“烦恼”这两种持续性状态同时存在，“快乐并烦恼着”凸显“烦恼”的状态。例

(104) 中，“痛”是指中国人过年为了回家，加入春运大军，跋山涉水是令人痛苦的；“快乐”是指中国人都是怀着高兴、喜悦的心情回家。“痛”和“快乐”这两种持续性状态同时存在，“痛并快乐着”凸显“快乐”的状态。

5.3　本章小结

本章我们将联合式反义配置分为三类，分别是“X又非X”及其变式、“既X又非X”及其变式和“X并非X着”格式，并分析、比较了各个下位格式之间形式、逻辑、意义的异同。联合式反义配置是一个联合短语，通常作为一个整体充当谓语、宾语、定语或状语，一般不作主语和补语。

联合式反义配置共有7种基本配置形式，分别是：“X又非X”“X而非X”“既X又非X”“又X又非X”“既X且非X”“既X也非X”“X并非X着”。其中，“X而非X”“既X且非X”“X并非X着”这三种格式没有显性形式，只有隐性形式；“X又非X”“既X又非X”“又X又非X”“既X也非X”这四种格式既有显性形式，也有隐性形式。“X又非X”“既X又非X”“又X又非X”这三种格式中能嵌入“但”类词，而其他格式不能嵌入“但”类词。

从逻辑基础层面看，“X又非X”“既X又非X”“又X又非X”“既X且非X”“既X也非X”“X并非X着”这六种格式的逻辑基础都是转折，主观视点上转化为并列，于是语表上标示为并列，强调并列关系和转折关系的并存。“X而非X”与上述六种格式不同，该格式前后两个变项“X”和“非X”本来具有意义上的转折关系。其逻辑基础是转折，主观视点上强化转折，于是语表上标示为转折。

联合式反义配置的结构义可以总结为二，一是“对立的感受或状态的加合式并存”；二是“事物或规律的两个对立面的平行式并存”。联合式反义配置中意义相反或相对的两个变项都属于同一个语义场，语义上有时强调后一个变项，有时两个变项的语义处于同等地位。其中，“X并非X着”格式的语义较为特殊，表示“‘X’与‘非X’相矛盾，既X又非X，而且是更‘非X’”，它既能表示动作或状态的持续，也能凸显后一个变项的动作或状态。

第六章　反义配置的语用价值

反义配置作为语言的变异运用，具有丰富的语用价值。古希腊哲学家、修辞学家亚里士多德曾在其著作《修辞学》中指出，“在常用的言语中见出变化的用法，能使语言显得格外地堂皇美丽。给平常的语言赋予不平常的气氛，是很好的；人们喜欢为不平常的东西打动”。这段话指出，使用富于变化的表达能起到很好的表达效果，人们会更乐于接受不寻常的言语表达方式。中国古代思想家孔子曾经说“情欲信，辞欲巧”。这说明言语表达者如果想要准确地表达丰富的思想内容，必须使用一些富于变化的表达方式。反义配置的语用价值，主要体现在其中的“巧”。通过刻意违反形式逻辑规律，充分利用语言单位之间相反或相对的语义关系，构造出一种表面看似矛盾、实则隽永和谐的表达方式，使言语表达精准贴切、富有变异美。

6.1　凝聚容量，化繁为简

反义配置是一种具有高度精简性的言语表达方式，它最突出的表达作用是能将言语容量凝聚起来，通过简单的形式表达丰富的内容。

从组合关系看，言语表达是将语言单位组合为线性的群体传递信息，组合单位的大小和多少决定了线性群体的大小。线性群体大，却言之无物，是没有什么言语容量的。反义配置凝聚言语容量，表达出丰富的内容。从修辞角度看，语言具有线条性，而思维具有多向性，反义配置是解决这一对矛盾的有效途径。反义配置的使用既保证了言语表意的完整性，也保证了形式的凝练性，能将复杂、繁琐的语义内容通过简单的形式表现出来。

例如：

（1）她以为自己是丰收女神吗？视线里的全部果实都归她所有！别看

她那么温柔地使用语气助词，其实呢？这个老年版的芭比娃娃是一个女霸王。（周晓枫《独唱》）

（2）父亲一向主张写东西要和生活里说话一样。写在文章里的话当然是经过了一番选择和思考的，然而仍旧要保持跟生活里说的话一样自然。写东西“不难又难”的道理，似乎就在这里。（北大语料库）

（3）十一二岁的时候，我觉得冬天是又好又不好。大人们定要我穿了许多衣服，弄得我动作迟笨，这是我不满意冬天的地方。然而野外的茅草都已枯黄，正好“放野火”，我又得感谢“冬”了。（茅盾《冬天》）

例（1）中“老年版的芭比娃娃”是一个定心式反义配置。这个反义配置短语精炼地概括了“她”的外形特点和性格特点：长着一张娃娃脸的老年人，表面上看似温柔，实际上很霸道。例（2）中“不难又难”是联合式反义配置。该短语精确地指出了文学创作的道理：写作“不难”是因为创作的灵感来源于生活，有丰富的材料可供发挥；写作“难”是因为写作内容必须经过选择和思考，并且需要表现得十分自然。“不难又难”是对写作难度的精辟总结。例（3）中，“又好又不好”是主谓式反义配置。作者简练地指出了冬天有好的地方也有不好的地方：穿很多衣服导致活动不便，是“不好”；茅草已枯黄，可以放野火，是“好”。

反义配置中凝聚言语容量，将繁琐的表达形式简化，具有主观性和任意性。言语表达者必须具备一定的知识水平和思想修养才能灵活运用。

反义配置作标题的价值需要特别关注，反义配置在新闻、电影、广告、书籍、期刊等信息媒介的标题中得到广泛的运用。所谓“题好一半文”，标题具有概括事实、揭示中心的作用，有一个精彩、贴切、新颖的标题，能极大地吸引人们的注意。例如：

（4）《匹夫英雄》（2013 年张孝正导演电视剧）

（5）瞬间的永恒，来自佳能！（佳能照相机广告语）

（6）《背对背拥抱》（林俊杰歌曲名）

（7）《狂人不狂：还需要时间》（《体育周报》2010-08-26）

（8）《〈高兴〉不高兴》（书评名）

（9）《理性中的非理性——瑞泽尔〈麦当劳梦魇——社会的麦当劳化〉评述》（翟玉晓、刘书雁，载《经济研究导刊》2011 年第 8 期）

（10）《某个中午无意义之意义》（老四诗歌名，载《人民文学》2014 年第 7 期）

标题简洁的结构形式承载了丰富的语义内涵。例（4）是电视剧名，《匹夫英雄》讲述了土匪王汉魁投身抗日事业的英雄蜕变史，“匹夫英雄”精确地概括了电视剧的故事内容。例（5）是广告语，“瞬间的永恒”直接说明了佳能照相机的功能：按下快门的一瞬间能创造永恒的纪念。例（6）是歌曲名，拥抱的动作通常是胸口对胸口，背对背拥抱造成自相矛盾，该歌名能激起人们对这首歌的强烈兴趣。例（7）是体育新闻标题名，皇马俱乐部主教练穆里尼奥是个性格张狂的人，指导球员备战时表现得却很冷静。“狂人不狂”这一主谓式反义配置简洁地说明了教练的性格和执教特点。例（8）是文学评论文章名，贾平凹的作品《高兴》讲述了一群“拾破烂的”城市边缘人的生活，调子十分悲凉，有很多“不高兴”的事。作者以“《高兴》不高兴”作为书评的名称，准确精当地说明了书中的内容并表明了作者的态度。例（9）是一篇期刊论文名，经济主体通常会根据市场变动做出理性选择，而“社会的麦当劳化”是经济主体的非理性选择的结果。论文标题“理性中的非理性”直接概括了全文的意旨，精准贴切。例（10）是诗歌名，“无意义之意义”精准地概括了作者准备参加朋友聚会前所做的一些事。

标题是全文信息的浓缩，表达主旨、沟通受众是标题的重要功能。当今人们正处于全新的信息化的时代，在信息量大、节奏快的生活中更倾向于快餐式的信息消费，通过阅读标题快速地寻找、筛选自己需要的信息。反义配置顺应了这种需求。在标题中运用反义配置，能够最大限度地凝聚信息，并用简单的言语形式表述出来，具有重要的语用价值。

6.2　感觉冲突，激发想象

人们对客观世界的认知，首先来自自身的感官。人有五感，即嗅觉、听觉、视觉、味觉和触觉。这些感受都与心灵相连，客观事物因此能给人不同的感受。反义配置利用了人们对客观世界的认知规律，主动营造感觉的冲突、利用感觉的冲突，从而进一步激活人们的想象，使反义配置具有表达内心感受、激发联想的艺术力量。

6.2.1　视觉的冲突

视觉的冲突，是指在言语表达中，通过描述视觉所能感知的事物，使人产生两种互相冲突的感受，从而激发人脑对相关事物的想象。例如：

（11）余司令这时差不多看透了这个女人：她黑袄的领子后面，耳根之下，也有一窝雪白。这个女体很是奇妙。以黑色为主体，投下了白色的阴影。（严歌苓《惠子物语》）

（12）我感到奇怪，就快速翻阅，结果印在书页上的文字全部掉了下来，剩下了空旷的纸页。掉下的文字落在了地上，像是一层黑色的雪花。（大解《傻子预言》之《翻书记》）

（13）他是最近两年来颇有名气的年轻人，绰号称神龙浪子，行事又白又黑，专向为非作歹的大户勒索。（云中岳《莽野神龙》）

（14）这第二情，便是个清澈又浑浊的女子——小福子。惨遭抛弃，遭人凌辱，以出卖纯洁谋生。（冯易天《骆驼祥子》）

例（11）中，“白色的阴影”是定心式反义配置。人眼所看到的阴影通常都是暗色的，白色则往往给人明亮的感受。明与暗的冲突能够激发读者的想象，耐人寻味。例（12）中，“黑色的雪花”是定心式反义配置。现实中，人们看到的雪花都是白色的。白色与黑色相冲突，能够激发读者的想象。例（13）中，“又白又黑”是联合式反义配置。通过主动营造视觉的冲突，进一步激发读者的想象，使人们从心理、文化等角度理解“白”和“黑”。例（14）中，“清澈又浑浊”是联合式反义配置。“清澈”和“浑浊”在现实中通常用来描绘视觉所见之物，如水或者空气。作者利用这种冲突来描写人，引导读者结合语境发挥联想。小福子以出卖肉体谋生，“清澈”是指内心，“浑浊”是指身体。

6.2.2　触觉的冲突

触觉的冲突，是指在言语表达中，通过描述触觉所能感知的事物，使人产生两种互相冲突的感受，从而激发人脑对相关事物的想象。

（15）尹楠的眉毛秀美而绵长，有一股柔软的坚硬，弹性的固执。（陈染《私人生活》）

（16）二月是生命的季节

拒绝羞涩，是燃烧的雪

泛滥的开始

野性的风，吹动峡谷的号角（吉狄马加《我，雪豹……——献给乔治·夏勒》）

(17) 饱满细腻的肌体碰贴着盆底，感受既光滑又粗糙。一种悖论。却是黄杨木浴盆给人的真正感觉。(佚名《名门艳旅》)

例(15)中，“柔软的坚硬”是定心式反义配置。眉毛给人的触感通常是柔软的，作者又说眉毛坚硬，这与眉毛的通常的触感相悖，从而激发读者的想象，眉毛之“坚硬”究竟来自何处。“柔软”是指外表，“坚硬”是指内心。例(16)中，“燃烧的雪”是定心式反义配置。“燃烧”给人热的触感，“雪”给人冷的触感，二者相冲突，能够激发读者的进一步联想二月生命复苏时的鲜活场景。例(17)中，“既光滑又粗糙”是联合式反义配置。黄杨木浴盆给人光滑的触感，也给人粗糙的触感。这两种触感糅合在一起，激发读者在想象中切身感受黄杨木浴盆的特殊触感，将读者带入情境之中。

6.2.3 听觉的冲突

听觉的冲突，是指在言语表达中，通过描述听觉所能感知的事物，使人产生两种互相冲突的感受，从而激发人脑对相关事物的想象。

(18) 木器的钉子自会松动。

后院的栀子花每年春天都在呼唤。

我们终于听见了寂静的声音。(草树《回归》)

(19) 楼一捏便是粉末，与其说是烂尾的极端化呈现，不如说是一种无声的控诉，以及一记意味深长的警钟。(《华西都市报》2012-10-25)

(20) 中国围棋有过聂卫平、马晓春时代，聂、马都是孤独的行者，老聂的孤独在于他太强势，无论身在何处，都是中心人物，他也乐于生活在这种寂寞的热闹中。(《体坛周报》2009-10-09)

例(18)中，“寂静的声音”是定心式反义配置。“寂静”本身的声音是无法感知的，作者主动营造有声与无声的冲突，激发读者想象“木器”和“栀子花”发出的“声音”，虚实结合、耐人寻味。例(19)中，“无声的控诉”是定心式反义配置。“控诉”是会发出声音的，此处作者主动营造有声和无声之间的冲突，激发读者对烂尾楼极端化的隐喻联想。例(20)中，“寂寞的热闹”是定心式反义配置。“寂寞”有[-声音]的语义特征，“热闹”有[+声音]的语义特征，有声和无声相冲突，激发读者对聂卫平生活状态的想象。“寂寞的热闹”并非对听觉的冲突进行描绘，而是刻意使读者思考其中的深意。聂卫平棋艺高超、无人可及，因此是寂寞的；他无论身在何处，都是中心人物，生活环境因此是热闹的。

6.2.4 味觉的冲突

味觉的冲突，是指在言语表达中，通过描述味觉所能感知的事物，使人产生两种互相冲突的感受，从而激发人脑对相关事物的想象。

（21）整整一天倾听雨声的时光，它是八月初秋的忧伤
熏染着比发丝更细柔的是回忆。仿佛，是一个
轻盈的词汇，刹那间，带来了母亲多年的桑园
带来了今天的嘴唇上，一阵甜而酸涩的品尝（海男《手心里的魔杖》）

（22）我说我要变成微风
轻轻地抚着
你的娇羞
你说你要变成小雨
洗刷我甜蜜的忧愁
我说我要变成浪花
时时把你寻求
你说你要变成沙滩
把我的欢乐拾走。（金重《一小部分》）

（23）佐藤富子听郭沫若说起友人之死，流了不少同情的泪，还说了许多安慰的话。这泪水，这话语，滋润着郭沫若的心田，让他感受着一种苦涩的甜蜜。（人民网 2010-07-16）

例（21）中，“甜而酸涩”是联合式反义配置。“甜”和“酸涩”两种味道相冲突，作者将读者带入其所描绘的情境之中，激发读者对作者所经历的美好和忧伤往事的想象。例（22）中，“甜蜜的忧愁”是定心式反义配置。“忧愁”不会给人甜蜜的感觉，作者刻意营造甜和苦的冲突，激发读者对作者矛盾心境的想象。例（23）中，“苦涩的甜蜜”是定心式反义配置。“苦”修饰“甜”，构成味觉的冲突，能够激发读者对作者内心感受的想象。

6.2.5 内心的冲突

内心的冲突，是指在言语表达中，通过描述互相冲突的内心感受，激

发人脑对相关事物的想象。

(24) 这家大姑娘远嫁在外，二姑娘从小就听熟了人们的鄙夷：“你个劳改犯崽子!”终于有次她回了嘴，说：“劳改犯崽子咋啦? 我可没偷你的，抢你的!”口气又卑微又自尊。(刘凤阳《小时候》)

(25) 这种阅读的快感如何形容呢：就像赤身站在刑房，栗栗危惧又极为焦渴地等着狱卒甩下浸过水的鞭子，尽管从精神上他从未出现过什么虐恋的倾向。(阿乙《作家的敌人》)

(26) 那胖孩子夺过小宝子的塑料壶扔到房顶上，壶口正好朝下，壶里的水，汩汩地流。冬天了，胖孩子要去学校了，就见雪花把房顶盖得和大地一样洁白。只有塑料壶的壶口像一个妖怪的眼睛，黑洞洞地瞪着他。他突然有点害怕，心里有一种不是滋味的滋味。(陈祖芬《赵金九和他的红裙子和 12 人方阵》)

例 (24) 中，“又卑微又自尊”是联合式反义配置。作者通过二姑娘内心的矛盾营造画面感，激发读者想象：二姑娘是劳改犯的女儿，地位低下因此内心感到卑微，但她的自尊心不允许他人歧视自己。例 (25) 中，“栗栗危惧又极为焦渴”是联合式反义配置。作者通过刻意制造内心的冲突，使人联想到既让人感到害怕，内心却又极度渴望的阅读感受。例 (26) 中，“不是滋味的滋味”是定心式反义配置，通过刻意制造矛盾，引发读者想象胖孩子内心“不是滋味的滋味”的想象：胖孩子将小宝子的塑料壶扔到房顶，现在看到塑料壶感到害怕，觉得自己做坏事遭到了报应。

言语使用者通过在反义配置中主动营造感觉的冲突，使言语接受者在理解的过程中体会到感觉的冲突，激发言语接受者对反义配置所指事物的想象，使言语的深刻性得到极大的增强，充分彰显了言语艺术之美。

6.3 巧设矛盾，丰富意蕴

反义配置作为一种特殊的言语表达手段，其言语形式的运用都是为了表达丰富的思想内容服务的。言语使用者常常通过故意制造言语矛盾，巧妙地将丰富的思想内容融入言语形式中，使言语表达含义隽永、耐人寻味。

6.3.1 寓含蓄于矛盾

直接的言语表达固然很好，但有时候不能过于直接地将思想感情流露出来，应当保持沉着持重，使表达更为含蓄婉转。反义配置的运用恰好能满足这种要求。例如：

（27）青年人的笑声使风、雨雪都停止了，城市的上空是夜晚的太阳。（王蒙《风筝飘带》）

（28）而那群熟悉又有点陌生的樟林，给我亲切、信赖、宁静与宽容，种种与家联系着的纯真情感。那是我的香格里拉。（蒋祖煊《香樟年记》）

（29）我伸出的双手，将被你的一句话缓慢地斩断。（曾园《献辞》）

例（27）中，“夜晚的太阳”是定心式反义配置。夜晚只可能有月亮，而太阳也只可能在白天出现。“夜晚的太阳”实际上是指月亮，而作者不直接说明“城市的上空是月亮”而说“城市的上空是夜晚的太阳”，间接表现了作者对身处异国的年轻人面临生活的困境，仍然朝气蓬勃、奋发向上的赞美。例（28）中，“熟悉又有点陌生”是联合式反义配置。“熟悉又有点陌生”是樟树林给作者的感觉，这种感觉和“家”给作者的感觉一样。作者巧妙地设立矛盾，不直接说明樟树林给他熟悉又陌生的感觉与家给他的感觉相同，而是通过描写身处樟树林的感觉，间接描写家的感觉，从而表现出更真实、真挚的情感。例（29）中，“缓慢地斩断”是状心式反义配置。“斩断”表示用力快而猛，具有［＋瞬时］的语义特征。“缓慢”具有［－瞬时］的语义特征。二者语义相悖。作者不直接表达“我伸出的双手，将被你的一句话斩断”，而使用“缓慢地斩断”，表现出“我”伸出手时的犹豫。含蓄内敛、引而不发，表现“我”既渴望受到接纳，又害怕受到伤害的复杂心情，使言语表达具有蕴藉性。

6.3.2 寓真情于矛盾

有时，言语使用者需要通过某种言语形式直接表现强烈的思想感情，从而使表达更具有深刻性和感染力，反义配置的运用恰好能满足这种表达要求。例如：

（30）他深知这个孩子极难心动，于是继续劝道：“尤其是你！你天性孤僻，没有朋友，没有亲人，只有我这个不是父亲的父亲！我在世时尚可照顾你，保护你，但若我死后，你怎么办?”（马荣成《惊世少年》）

(31) 麻纸钉成的账簿，他翻着念着解着，显然他的全年的心血都被这账簿侵蚀了，在我是非常害怕而且不愿听这些声音，但是一种为忧愤而汇在一起的叹息却从深心里流出来："唉！世界不是世界了！"（李蕤《柿园》）

(32) 白色的菜花也有了光影般的色彩，平静的湖面上渐渐腾起了朦朦水雾，湖光山色，幽静的村落隐在薄雾之中，美得令人窒息。（中国国家地理网 2015-02-06）

例（30）中，"不是父亲的父亲"是定心式反义配置。霍步天想在死前将剑法教给年少的步惊云，步惊云不想学习，于是霍步天说了以上这些话。其中"不是父亲的父亲"是定心式反义配置，表明霍步天虽不是步惊云的亲生父亲，仍像父亲一样照顾他。"不是父亲的父亲"作为劝说语，极大地加强了言语的感染力和穿透力，直击读者内心。例（31）中，"世界不是世界"是主谓式反义配置。前一个"世界"是指家中欠债太多，每个人的内心都被印上贫穷的烙印，是现实世界；后一个"世界"指的是衣食无忧的理想世界。作者巧设矛盾，通过使用"世界不是世界"这一反义配置表达，将"我"心中理想的世界和现实的世界的强烈落差和内心绝望的感受展现了出来。例（32）中，"美得令人窒息"是心补式反义配置。美丽的风景通常给人舒畅的感觉，此处却给人一种窒息的感觉。说明此地的风景美丽至极，以至于身心难以承受这样的美。"美得令人窒息"表现了作者对大自然鬼斧神工的感叹，传达了作者的切身感受，真实有力。

6.3.3 寓幽默于矛盾

有时，言语使用者需要通过某种言语形式，展现话语生动活泼的一面，从而避免呆板的言语表达。反义配置的运用，能够满足这种表达要求。例如：

(33) 他指着餐桌上的一盘菜说个不停，说这道菜不如他老婆做得好吃，说他老婆炒这菜时只放几滴油，然后多放肉，用肉来炒菜，特别香特别好吃。听着他一本正经地"胡说八道"，大家哄堂大笑起来，有人便调侃说改天一定要尝尝尊夫人的手艺，顺便学学这道干炒出来的菜。（《齐鲁晚报》2012-11-19）

(34) 徐立饰演的宋晓慈是个衣食无忧的豪门美少妇，脾气暴躁、个性跋扈，是都市中"穷得只剩钱"的典型代表。（人民网 2013-12-10）

(35) 那小子的圆脑袋到处晃，可爱得不像话。(亦舒《我的前半生》)

例（33）中，“一本正经地‘胡说八道’”是状心式反义配置。通过巧设形式上的矛盾，幽默生动地说明“他”似乎只是表面上懂得如何烧菜，实际上根本不懂如何烧菜。例（34）中，“穷得只剩钱”是心补式反义配置。“穷”通常指没有钱，这与“只剩钱”意义相悖。作者巧设矛盾，风趣幽默地说明宋晓慈物质生活之丰富，精神生活之匮乏。例（35）中，“可爱得不像话”是心补式反义配置。“不像话”有“不可爱”的意思，与“可爱”的意思相悖。作者通过巧设矛盾，幽默生动地说明男孩可爱至极，表达喜爱之情。

6.3.4 寓讽刺于矛盾

有时，言语使用者需要通过某种言语形式，对某些事物或人进行批判和讽刺。反义配置的运用，能够满足这种表达要求。

(36) 近年来时事常常颠倒……京官穷得如此之阔，外官贪得如此之廉，鸦片断得如此之多，私铸禁得如此之广，武官败得如此之胜，大吏私得如此之公。(小石道人《嘻谈初录》)

(37) 伍老拔不等他说完，鼻子不是鼻子，脸不是脸地说：“什么叫时刻一到?”(梁斌《红旗谱》)

(38)“沙图什”披肩代表高贵，雍华。但一条“沙图什”披肩却意味着要牺牲三到五只藏羚羊的生命。“‘沙图什’披肩不是披肩，而是一条裹尸布。”(北大语料库)

例（36）中，连续使用了多个心补式反义配置。通过巧设形式上的矛盾，深刻尖锐地揭示了官员们的丑恶行径，对时事进行了尖锐的讽刺。例（37）中，“鼻子不是鼻子，脸不是脸”是主谓式反义配置。它直接展现了伍老拔耍赖时的丑恶嘴脸，起到了讽刺的效果。例（38）中，“‘沙图什’披肩不是披肩”是主谓式反义配置。这一论断表明沙图什披肩已经不是一般意义上的披肩，是牺牲多只藏羚羊的生命做成的，暗含着对人性贪婪的讽刺。

6.3.5 寓哲理于矛盾

有时，言语使用者需要通过某种言语形式揭示一些道理和规律。反义配置的运用，能够满足这种表达要求。

(39) 进攻是最好的防守，无数次徘徊在生死边缘的经验告诉他们，眼前唯有舍命相搏，方能化不可能为可能，获得一线生机。(北语语料库)

(40) 所谓名著，是已经被证明了的我们全人类共同的文化遗产，它里面丰富的内涵可以增强我们的人文底蕴，健全我们的人格，使我们不至于成为“文明的野蛮人”。(北大语料库)

(41) 然而有的时候，因为我们非常的“现实”，我们会显得十分狼狈，甚至还会丢失很多宝贵的东西，比如尊严，比如亲情，比如良知，比如心灵的清净。在现实生活中，很多东西是在得到的时候丢失，很多东西又是在丢失的时候得到。(秦万里《一路叹息》)

例 (39) 中，“进攻是最好的防守”是主谓式反义配置。防守就无法进攻，进攻就无所谓防守，作者巧设矛盾，使进攻与防守的关系表面上看起来矛盾，实际上是辩证统一的，是辩证统一规律的现实运用。例 (40) 中，“文明的野蛮人”是定心式反义配置，通过巧设矛盾，说明一个深刻的道理：阅读名著能够使我们的人格更加健全，人文底蕴更加深厚，能够帮助人类社会保持高度的文明，防止我们成为思想贫乏的人。例 (41) 中，画线部分是状心式反义配置。作者通过巧设矛盾，对人生“得”与“失”进行了反思，人总是通过牺牲自我得到自己得不到的东西，历经艰辛即使得到了，也会马上失去。告诉人们很多东西不要强求，应当随遇而安。

反义配置表达巧设言语矛盾，能使言语形式的意蕴更加丰富，是言语使用者通过言语规律和逻辑规律的综合运用实现的。

6.4 创新格局，增强语势

所谓“文似看山不喜平”，创新的表达格局更能够激发人们的兴趣，吸引人们的注意。反义配置的特殊表达效果不仅仅在其单独使用过程中体现出来，通过使用创新型的表达格局，能加强节奏感，从而产生更丰富的意蕴或哲理，起到传递额外信息的作用。反义配置的创新格局主要有三种，回环型、连用型和对举型。

6.4.1 回环型格局

回环，在语法上是将两个字词相同而排列次序不同的言语片段紧密相连。重复前一句的结尾部分，作为后一句的开头部分，又回过头来用前一句的开头部分作为后一句的结尾部分。回环具有循环往复的意趣，使事物间具有相互制约、相互依存或相互对立的关系。不仅如此，还能进一步揭示事物之间的辩证关系，使语义精辟警策。反义配置常被言语使用者排列为回环型的表达格局。例如：

(42) 谁能够料到，时隔半月，我竟然又重新捡拾起那个失落的传说。破碎的完整，完整的破碎。新的青瓷，旧的历史。旧的碎片，新的灵魂。这是青瓷的语言吗。(付秀莹《秋到上林湖》)

(43) 夜，太原府的空气中涌动着一股奇怪的流，希望中的绝望与绝望中的希望在暗夜中同时流淌翻搅。一家店铺的大门在黑暗中“吱吱呀呀”地开启，一仆人打着灯笼，提着饭篮子，陪一考生走出。(朱秀海《乔家大院》)

(44) 阴阳轮回，反反复复，颠来倒去，谁也说不清谁何时生，谁何时死。生就是死，死就是生……(周梅森《军歌》)

(45) 靓即是丑，丑即是靓，靓自非丑，非非丑，非靓，非非靓。0即是圆，圆即是0。有就是没有，没有就是什么都有。(王蒙《满涨的靓汤》)

(46) 睡一样地醒着，醒一样地睡着，嘻嘻我这一生，是个美的梦魇。
歇一样地干着，干一样地歇着，反正地球旋转，总不会拉下我。
哭一样地笑着，笑一样地哭着，从来没体味过，真的痛苦欢乐。
(项汝平《一种哲学》)

例(42)中，“破碎的完整，完整的破碎”是定心式反义配置的回环型格局。“破碎”和“完整”形成互相修饰的关系，二者互相补充、相得益彰。从信息角度看，似乎产生了信息的冗余，此处却正是利用了信息的冗余使“碎片”的特点展现得更加丰富和深刻。例(43)中，“希望中的绝望”和“绝望中的希望”是定心式反义配置的回环型格局。“希望”和“绝望”之间是互相修饰的关系，同时也是互相包含的关系。登第的希望和落榜的绝望，这两种心情混合交织在一起，生动描述了考生复杂的心情。例(44)中，“生就是死，死就是生”是主谓式反义配置。反义配置易位回环式的表达格局，使此处的“生”与“死”互相补充，产生了绝对的等同，彰显了“生”与“死”的辩证关系，表现出军人视死如归的高尚精神。例(45)中，“靓即是丑，丑即是靓”和“有就是没有，没有就是什么都有”是主谓式反义配置的回环型格局。从信息角度看，好像也是冗余，然而易位回环的格局能加强节奏感，使言语表达具有音乐美，更能表现出“靓汤”之“靓”。例（46）中，诗歌中每一联的前两句都是状心式反义配置的回环型格局。本例包含三组相互修饰的词，“睡”与“醒”、“歇”与“干”、“哭”与“笑”，前后字数相等，富有音乐美。从信息角度看，貌似是冗余，实际上传递了“醒着和睡着的状态相同，干活和休息的行为相同，哭和笑的感受相同”的额外信息。表现了“我”是一个浑浑噩噩、没有追求、没有感情的人。以上例句表明，反义配置能够充分利用冗余现象，使意蕴更加丰富，具有对称美。同时还增强了言语表达的节奏感，起到了增强语势的作用。

6.4.2 连用型格局

连用，是指将两个或多个不同的反义配置片段连续使用。与单独使用反义配置的情况相比，连续使用反义配置会产生额外信息，使言语表达的意蕴更加丰富。除此之外，还能加强节奏感和语势，彰显韵律美。例如：

（47）大学生去搞什么擦鞋店，那一定是后者，肯定是没办法的办法，找不到工作的工作。（北语语料库）

（48）金湘的歌剧难唱，在圈内也是出了名的。他也承认，“我的音乐确实难唱，但有很多歌唱家跟我说，越唱越想唱。其实，我的音乐追求就是，带着苦涩的甜蜜，含着眼泪的微笑”。（《北京日报》2015-06-02）

（49）他不要惯用的“镜框式”舞台，而要把舞台放在观众当中，观众半圆形围成三面，折掉“第四堵墙”、“不表演的表演，看不出导演的导演，不像戏的戏”，在排练过程中，林兆华制定了这样几点宗旨。（《北京晚报》2012-06-11）

（50）掩饰是一种以虚假的方式保护自己的计谋，过度的粉饰则是弄巧成拙的图穷匕见。害怕孤独又拒绝交流，过分猜疑又表演大气，心灵亏空又出售善良，都会在脸部刻下肌肉疲劳的后遗症。（苏梦涵《否定句：冲锋2009》）

（51）正如有人指出的那样：“性极好斗而又非常温和，黩武而又爱美，倨傲自尊而又彬彬有礼，顽梗不死而又柔弱善变，驯服而又不愿受人摆布，忠贞而又易于叛变，勇敢而又怯懦，保守而又十分欢迎新的生活方式。”日本人的这些特征，似乎让人难以理解。（韩作荣《出访日本追忆》）

例（47）中，有两个定心式反义配置连用。“没办法的办法”说明大学生选择经营擦鞋店的工作，是没有其他选择的结果。“找不到工作的工作”，又进一步说明了经营擦鞋店的原因。两个反义配置短语连用，表明大学生经营擦鞋店实在是完全没有其他选择的无奈之举，删去其中任何一个短语，都无法表现出这种无奈。例（48）中，有两个定心式反义配置连用。“带着苦涩的甜蜜”和“含着眼泪的微笑”连用。其中，“苦涩”和“眼泪”、“甜蜜”和“微笑”这两组词前后相互照应，强化了金湘的音乐追求，有力地说明金湘的歌剧既难唱又让人想唱，表明金湘的音乐追求和歌唱家们对其歌剧的感受是一致的。例（49）中，连用了三组定心式反义配置。林兆华制定的三个舞台宗旨，形成一个整体，使连用的反义配置产生言外之意，意在强调表演应当真实、自然。例（50）中，连用了三组联合式反义配置。掩饰是以虚假的方式保护自己的行为，通过反义配置的连用，将这些行为一一列举出来，使表达具有节奏感和音乐美。例（51）中连用了八个联合式反义配置，长短不一，给人抑扬顿挫的节奏感。作者将日本人的性格和行为中互相冲突的特征完整地、淋漓尽致地展现给读者。以上例句表明，对反义配置进行连用型的布局，采用多组反义配置来描写或说明同一事物的特征，不仅能增强语势，还能使言语表达具有节奏感和韵律美。

6.4.3　对举型格局

对举是现代汉语常见的语法手段，是指将两个或两个以上相似的成分放在一起形成的结构。其特点是两个相似的成分前后相继出现，中间不插入任何其他成分，结构相同，语义相互对应。两个相似的成分不能单独表义，必须同时使用才能表达一个完整的意思。将两个或多个反义配置进行对举，形成对举型的表达格局，使它们相互衬托，能够增强言语表达的张力。人们通常将对举型的反义配置作为一个意义整体使用，表达言外之意。例如：

（52）肖老太一听就不干了，说这大女儿嫁了个意大利人，现在弄得自己人不是人，鬼不是鬼的，如果儿子要娶个韩国妻子，那不是入赘韩国了吗？（曾丽珍《摩登家庭》）

（53）看这个世道，国不国，法不法，家不家，又有什么活头？（王旭烽《茶人三部曲（上）》）

(54) 不知大家有没有这种感觉，赚钱容易分钱难，分得朋友不是朋友，亲戚不是亲戚，兄弟不是兄弟。(北大语料库)

(55) 看看《主角与配角》《超生游击队》等优秀小品，让人欢笑不已又回味不已。再看看时下的一些小品，喜剧不是喜剧，闹剧不是闹剧，丑角不是丑角，痞子不是痞子，简直滑稽至极。(北大语料库)

例 (52) 中有两组反义配置对举。肖老太并非想表达大女儿不是人或不是鬼，而是将这两组对举的反义配置视为一个整体，说明大女儿自从嫁给意大利人之后，变化非常大，让肖老太非常生气。例 (53) 中有三组反义配置构成对举。既说明国家分裂、法律崩坏、家庭破碎的现实，又表现作者对社会现实的极度失望。例 (54) 中有三组反义配置构成对举。作者并非想表达利益分配不均的后果是朋友、亲戚和兄弟这三种关系的决裂，而是将这三组反义配置对举成为一个表义整体，说明赚钱比分钱容易得多，利益分配不均衡会导致众叛亲离的严重后果。例 (55) 中，有四个主谓式反义配置构成对举，起到增强语势的作用。作者并不是想表达时下的一些小品中喜剧、闹剧、丑角、痞子这几个剧本或角色都不好，而是将这四组反义配置对举成为一个表义整体，说明时下的一些小品的质量之差。

反义配置中大量使用创新型的表达格局，具有特殊的语用价值。从结构上看，接连使用多个反义配置，能够在视觉上吸引读者；从功能上看，能够增强语势，使表达具有韵律美；从信息角度看，创新型格局能充分利用冗余，在言语表达中增添额外信息，展现丰富的内涵。

第七章　反义配置的生成与理解

反义配置现象从本质上讲是一种修辞现象，目前国内对修辞现象的认知研究主要停留在图形—背景理论、概念整合理论等传统研究范式中。除此之外，“基于心理模型的语用推理”范式理论对反义配置现象的认知机理同样具有很强的解释力。本章在该理论基础上对反义配置现象的生成和理解机制进行研究，以期丰富并逐渐完善修辞学和心理学的跨学科探索。

本章研究的主要问题是：从言语使用者（言者）的角度看，反义配置现象产生的内在意图是什么？从言语接受者（听者）的角度看，这种表达方式是如何被理解、而不至于产生误解？听者是如何建立起与言者说话意图的联系的？

7.1　反义配置的生成机制

根据前文的论述，反义配置现象显著区别于其他言语现象的根本特征在于其违反了形式逻辑的矛盾律，言语使用者在对言语进行语义配置时，都主动、刻意地违反矛盾律。矛盾律作为一种逻辑思维的规律，具有客观性和必然性。反义配置的文字表达方式在现实世界中找不到具体的、客观存在的对象，例如“愚蠢的聪明人”在客观物质世界中并不存在，其整体意义也不是组成部分“愚蠢”和“聪明”的简单加合，它们作为一个整体的意义是抽象的，并带有强烈的主观性。言语使用者意图从两个角度出发，表达对同一事物的看法，即从某种角度看，具有某种特点，从另一种角度看，又具有另外一种特点，这两种特点的意义恰好是相反的。表义的双重性，是反义配置现象最显著的特征。言者的表达意图使如何与言语结构形式建立联系的，以至于言者能准确地表达内心的想法？这从认知心理学的观点看，要求言语的表达能够在言者和听者之间建立起共同的认知心理状态。

“基于心理模型的语用推理”，是从认知心理学的角度阐释语言运用的一种范式。（徐盛桓 2007）这个范式包含三个假设：①话语表达具有意向性。Jacob（2003）指出，“意向性”（intentionnality）是指“心智对事物、特性、事态的关乎、指向、描述的一种能力”，也就是说，言语表达自身具备对某些事物、规律等进行“关指”、描述的能力[①]。②言语表达通常是不完备的。言语通常是有含意（implicativeness）的，即在言语表达时利用的言语之外的意思，同时又是语言单位的音、形、义所承载的意思。言语使用者的表达通常不会展现出所有的意思，因此是不完备的。③语言表达的不完备性必须通过“常规关系”（stereotypical relation）来补足或阐释。该范式包含“自主—依存”和“显性—隐性”两个分析框架。前者主要针对话语生成，后者主要针对话语理解。

该范式的基本观点是：话语的生成和理解是一种语用推理认知过程。这个过程包括大脑对客观世界的感知、记忆、组合、表征等心理过程，并且是以心理建模作为语用推理的基本形式。其主要内容是：以心理建模为语用推理的基本形式进行下向因果求索，通过抽取长时记忆、工作记忆来整合推理前提，并以泛因果关系为求索的切合点。语言表达通常是不完备的，是显性表述（或称依存成分），是由大脑中相对完备的表达推衍而来的；而交际意向，则是相对完备的表达（或称自主成分），是话语的隐性表述，它通过常规关系在意向的作用下，达到相对完备的表达。

“基于模型的语用推理”强调语用推理对“心理模型”（mental model）的依赖性，将语用推理视为操作和建构模型的认知过程。

Johnson-Laird 提出的“心理模型”理论，假定人类对某个情境的理解是根据一组模型进行推理的，人类可以在不依赖命题逻辑的基础上进行推理。该推理过程的心理活动分为三个阶段：（通过）前提和一般知识→理解→建立心理模型→描述→得到初步结论→验证：搜寻其他可能模型→得到有效结论。（Laird 1983）其中，“验证”阶段才是真正意义上的推理过程。在这个阶段，推理者搜寻反例，穷尽所有的其他模型进行验

---

① “意向性”与“意向”（intentions）不同，意向是指人们为施行某一行为所具有的意图或倾向，是心智活动，例如某些感觉、愿望、记忆、信念等，是比较具体的。“意向性”则是对人们能够进行这些心智活动的过程、特点作出的抽象的概括，具体表现为人们形成意向、表达意向、辨识意向的能力。

证，才能得到最终有效结论。基于心理模型的语用推理是对心理模型推理观的一种借鉴。

“心理模型”是一种人们能够通过视觉经验、想象或者话语的理解，在头脑中构建的小型知识模型，是人类对于现实或者想象情景的心理表征（Craik 1943）。人脑会把经验和信息加工成常规认知结构。认知结构是主客体间互动得到的，可较长期地储存在记忆中，从而构成一种“图式”。小型知识结构中的图式内容可以通过常规关系知识来体现。Craik 认为，心理模型是心智对现实或者想象情况的表征，人们会利用它对现实世界中的各种现象进行理解，以作出推理和解释。

“类层级”（type hiararchy）结构，是知识结构在心理模型中的内在组织形式，是心理模型的体现方式，也是人类储存知识的重要途径。它分为类结构和层级结构两种。具体体现为：以相邻/相似关系的抽象知识为维度，将常规关系组织起来的类知识体系，分解为以横组合—纵聚合的方式交错地组织起来的小型知识集。类结构，即是其个体被认知为相似的结构的同类事物，这类事物之间的关系是相似关系。例如樱花、梅花、茶花、菊花、兰花都是“花”这一类事物，它们之间的关系是相似的。层级结构中的个体倾向于被认知为相邻的。相同种类的事物属于同一层级，大类和小类之间形成不同的层级。组成层级结构的事物之间的关系是相邻关系。例如花、花茎、花蕊、花冠、花粉。相似并/或相邻的事物组成的小型知识集，纵横交错、相互联系，构成人脑中复杂的知识关系网络，体现了人脑认知事物的规律性。通过这种认知规律，人们才能认识到，不同类型的事物在不同表达方式或语义范围之间内在的互动关联性，这是反义配置生成和理解的内在条件。

我们认为，反义配置现象的生成机制能够在“自主—依存”分析框架中得到很好的解释。“自主—依存”分析框架能够解释话语中自主成分和依存成分之间的关系。在一次具体的语言表达中，大脑中相对完备的表达意向是自主的，而自主成分又通过意向性导向，推衍出依存成分。在这个过程中，以相邻/相似关系的认定为手段；以自主成分对依存成分的拈连作用为主要方式；以通感、通知（即通过感觉或知觉的连通）为拈连的具体做法。依存成分的存在和运作，必须体现出自主成分的意向性。最终构成自主成分—依存成分的联结（autonomy-dependency alignment）。其流程如图 7.1：

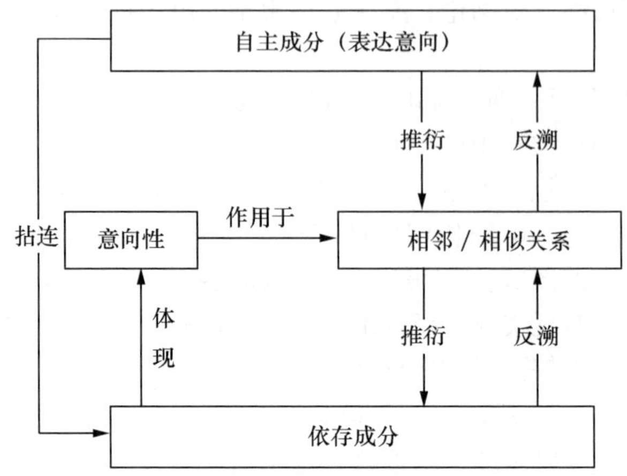

图 7.1　意向性拈连机制

接下来，根据“自主—依存”分析框架，可推导出“反义配置”生成的认知建构过程。其步骤如下：

第一，确定表达意向。

相反、对立的事物在现实世界中普遍且客观存在，不以人的意志为转移。反义关系（或反义词）的运用是使用者故意利用语言多义性，意图使语言表达同时蕴含正反两种含义，以达到看似矛盾、实则和谐的效果。意向性理论认为，“意向性”是心智对事物、特性、事态的关指、描述、表征的一种能力。结合语言的特点，意向性就体现为人脑中的语言机制，会与人脑之外的事物建立关联，并能将外部事物主动纳入人脑之中。人脑通过内在的语言机制，赋予外部事物某种语言内涵。言语活动具有意向性，是人们有目的地使用它们进行交流，才使得本无意义的语言符号和听觉符号获得了意义。Searle 强调，意向性的心理状态能够指向并关涉并不实际存在的对象。“反义配置”这种表达方式，在实际生活中找不到具体的所指对象。因此，言者心理意向性的确立，是“反义配置”生成的第一步。

第二，通过表达意向，寻找相邻/相似的联系。

言者根据已有的世界知识体系，积极思考并寻找结构、语义、逻辑等语言表达方面存在的所有可能性。就“反义配置”这种表达方式而言，自主成分（表达意向）是两个心理模型组成的独立认知域，意向性是以语义为依据的，在相邻/相似的认知原则下寻找两个语义上矛盾对立认知域的组合。根据心理模型，假设人脑中存在着依赖于常规关系的知识层级，相邻或者相似的事物存在于不同的层级上。类层级是知识结构在心理模型中的内在组织形式。言者在已有的由相邻相似关系组成的世界知识的基础上，结合具体语境，筛选相关信息。

第三，通过意向选择，建立反义对应关系。

人脑在已有的知识集中寻找语言单位之间的对应关系。设自主成分为A（autonomy），依存成分为D（dependency）。有 $D_1 \in A$，$D_2 \in A$，$D_3 \in A$……根据反义配置表达的矛盾对立的特点，依存成分中有 $D_1 = d_1 \wedge \neg d_1$，$D_2 = d_2 \wedge \neg d_2$，$D_3 = d_3 \wedge \neg d_3$……其中D和d都是无限集。语言使用者根据表达意向的不同，选择可能的构成反义关系的语言单位。

第四，结合汉语的习惯表达，推衍出反义配置的言语表达式。

“推衍”是自主成分通过相邻/相似关系将表达的“意向”拈连到依存成分的过程。言者头脑中想表达的意向内容，在表达“意向”的制约下，通过相邻/相似关系，将意向内容推衍成为话语。由于人脑感知时具有通感、通知的心理特征，因此整个过程便是自主成分对依存成分的拈连。在对话语进行“反义配置”的过程中，人脑会主动选择适当的形式结构作为隐性表述框架，将意义相反或相对的两个言语单位填补到表述框架中，最终确立反义配置的话语表达式，即 $A = \{d_1 \wedge \neg d_1, d_2 \wedge \neg d_2, d_3 \wedge \neg d_3 \cdots\cdots\}$，$(d_1 \wedge \neg d_1) \in A$，$(d_2 \wedge \neg d_2) \in A$，$(d_3 \wedge \neg d_3) \in A$……

根据以上理论步骤，我们结合实例分析“反义配置”的生成过程。例如：

(1) 3声长哨，比赛结束。输了的北京宏登队队员欢呼雀跃，赢球的衡源球员却一个个颓然倒地。2比1的比分还不够晋级，衡源在第一回合比赛欠债太多，他们以一场“失败的胜利”结束了今年的任务。（《文汇报》2004-11-02）

话语生成的理论前提是，话语表达的意向内容与所指事物之间的关系是常规关系。在本例中，言者的表达意向是，衡源队即使赢了这场足球比赛，仍然会被无情地淘汰。因为前几场比赛的惨败，该球队拿到的小组赛总分数没有达到晋级下一轮比赛的资格。如果言者将“失败的胜利”说成“衡源在本场比赛中胜利了，但是从其所在小组赛的分数来看，他们还是失败了”，这显然达不到作者所希望的交际效果。而“失败的胜利”，却能够给人一种看似矛盾、实则隽永的效果，能够极大地引起读者的注意和思考。

首先，言者建立表达意向（自主成分），即“衡源队本场比赛胜利”和“衡源队小组赛失败”，言者不仅试图将这两个认知域结合在一起，而且试图表达出言者对该球队的惋惜之意。衡源队的本场比赛与其所在的小组赛中的其他比赛是相似关系，即本场比赛胜利，其他比赛失败。小组赛被淘汰，不能晋级，意味着该球队的彻底失败，这也是相似关系。“胜利”和“失败”是“比赛”的固有属性，是零和博弈，非赢即输，是比赛的组成部分。言者在“胜利”和“失败”构成的相邻/相似关系下建构认知联系。

其次，言者在“失败”和“胜利”两个意向中做出选择，明确作者表达的真实意图，以及感情倾向。在言者看来，两者的地位是不同的。前者为本，后者为辅，前者是所指事物的本质，是对后者的修饰和限制。在作者的意向选择下，“小组赛被淘汰（失败）”的特点彰显，“本场比赛胜利”的特点受到压抑。言者报道本场比赛胜利，还需要凸显实质上失败的特征。

最后，根据汉语的表达习惯，作者选择了偏正结构作为意向表达的可用形式，最终生成“失败的胜利”。另外，根据格式塔理论，相邻或相似的事物，习惯上被认知为整体，即“完型”。在对语言单位进行配置的过程中，事物的矛盾对立的两方面在偏正结构框架内被联结为一个整体，符合言语生成的经济原则。

7.2 反义配置的理解机制

“反义配置”是生活中超越常规的表达方式，其理解过程能够通过“显性—隐性”分析框架下得到合理的解释。“显性—隐性”分析框架是基于心理模型的语用推理范式的另一组成部分，为话语的理解提供了语用推理观和方法论。该框架将话语显露在外的概念意义视为“显性表述”(explicit expression)。交际过程中的表述是显性表述，但显性表述通常是不完备的表达。同时，将话语表达之外的额外意义视为“隐性表述”(implicit expression)，即话语具有含意性（徐盛桓 1996)。含意的实质是对事物之间某些关系的具体内容的解读。该分析框架认为，话语（显性表述）通常是不完备的表达，必须通过常规关系所具有的相邻/相似性体现出隐性表述（即含意）的具体内容，对话语的显性表述进行重组或阐释，从而使话语理解为相对完备的表达，最终达到交际的理解。话语的理解过程实际上是含意推导的过程，是话语生成过程的反方向。反义配置理解过程的心理运作机制如图 7.2：

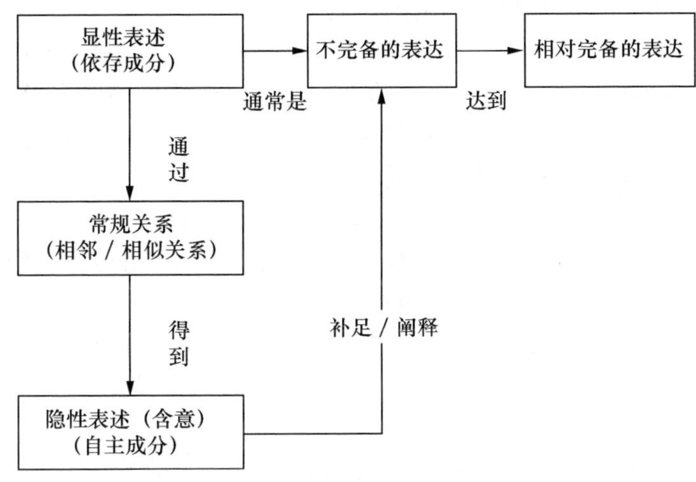

图 7.2　反义配置的理解过程的运作机制

做出推断是言语理解的核心。哈利提出推断有三种主要类型：①逻辑推断：只依赖于词义的推断。②连接推断：把先前掌握的信息和新信息联系起来。③精细推断：将我们已有知识添加到话语中去。话语的推断必须将人脑中的已知信息与外部信息建立联系，这种联系的建立则表现为对意向性和常规关系的依赖。

心理活动总是受意向性指引的。“信念和意向决定着人们如何使用语言，以及使用语言去达到什么目的。”① 含意的推导、话语的理解都受制于意向性。表达意向和辨识意向，是言语交际的基本特征。徐盛桓（2006）指出，话语会自动地让受话人产生指向说话人意向的期待，因此含意的推导是一种“意向性解释”。人们对常规关系的把握和运用，是通过意向性来表征的，是人类认知能力的集中体现。在言语交际中，集体意向性是对交际意向的辨识，是话语的逻辑前提和预设。要实现意向性的具体化、对象化，还必须经过个体意向性根据具体语境来实施意义赋予。

“反义配置”是不完备的语言现象，是同一件事物中的矛盾对立性质

① 郭贵春. 科学实在论的方法论辩护［M］. 北京：科学出版社，2004：50.

之间常规关系的体现。事物的意义是世界知识或常规关系在人脑中概念化、结构化的产物，同时也是人脑对该事物所体现的相邻/相似关系的认知加工、心理建模的结果。反义配置现象的理解过程，必须建立在言者和听者都具备相同的心理模型的基础之上。

在例（1）中，对“失败的胜利”的理解过程能够通过“显性—隐性”分析框架得到很好的解释。“失败的胜利”是显露在外的语言形式，是显性表述。根据初步判断，只能看出字面上的逻辑矛盾，看不出实际意义，因此是不完备的表达。它依存于说话人的表达意向，是依存成分。从语表形式上看，“失败”和“胜利”除了有先后之分外，并没有主次之分，二者缺一不可，否则不成话。此时听者必须与言者建立相同的心理模型，才能理解言者所说“失败的胜利”的含意（隐性表述）。其具体运作方式是：依靠常规关系所体现的相邻/相似关系进行补足、阐释，并根据具体语境来实施意义的赋予。含意的推导过程是人脑通过心理模型将已知信息和新信息进行筛选、组合、编程的过程。

足球比赛的大致流程是：一个小组四支球队，分别两两对抗，胜得3分，输得0分，战平得1分，总分位于前两名的晋级下一轮。从语言结构本身来看，“失败的胜利”前后项是修饰与被修饰的关系。受集体意向性的制约，听者能够意识到“胜利”和“失败”指向的是比赛结果，而不是其他内容，这是话语的逻辑前提和预设。此时，听者若想进行进一步的含意推导，就必须把握言者的个体意向性的所在，即强调“衡源队在之前的比赛失败，本场比赛虽然是胜利了，但从整个小组比赛结果看，仍旧是失败的”。听者结合上下文语境提供的信息，并根据常规关系所体现的相邻/相似性（即“胜利”与“失败”之间是相邻关系；各个小组之间的比赛结果是相似关系），最终确立“‘胜利’是本场比赛的胜利，‘失败’是小组比赛被淘汰”的语用推理结果。

格式塔理论认为，具备相邻/相似关系的事物倾向于被认知为一个整体，在“失败的胜利”中，失败能够被视为胜利的一个组成部分，“失败”修饰“胜利”表现“失败”这个实质，“胜利”只是表面的。在此双重维度下，二者是整体—部分的关系。因此，我们假设“反义配置”的表达式为X，言者的表达意向为Y。在表达过程中，X继承了Y的一部分特点，同时Y也是X的外延内涵的一部分，因此，可以有关系式：X=Y。这样一来，“破碎的完整”“平凡的伟大”“柔软的坚硬”等，均具有同样的道理，也是双重维度下体现了相邻/相似关系。

通过以上分析，可以发现反义配置生成与理解的过程，实质上基本相同，只是方向相反，由此可以得出“反义配置”生成和理解的整体框架。如图 7.3：

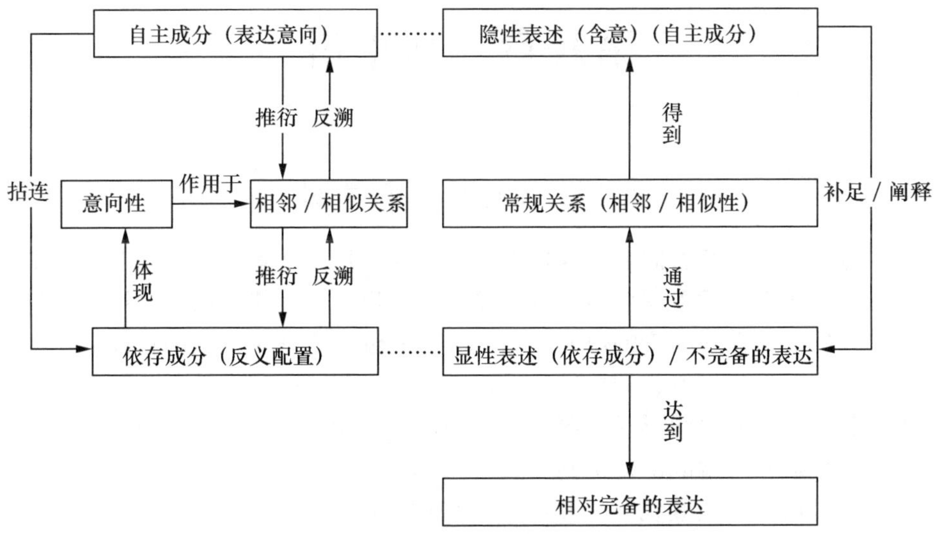

图 7.3　反义配置生成和理解的整体框架

综上所述，反义配置现象是语言交际者为了实现交际需要，采用一个语言表达式表现矛盾对立的双重特点的一种方式。在反义配置现象的生成和理解过程中，都会牵涉到交际双方表现出的心理建模特征，这个特征能够在“基于心理模型的语用推理”范式中得到很好的阐释。反义配置现象的生成过程，是言者在相邻/相似认知规律的制约下寻找依存于自主的表达意图的适当表达形式的过程，这个表达形式是意向性作用的结果。反义配置现象的理解是听者对言者的话语含意的推导过程。由于反义配置现象所描述的事物在现实中找不到具体对象，因此在话语的理解过程中，同样会受到相邻/相似认知规律的引导，做出相关推理。反义配置现象生成和理解的过程都需要言者与听者彼此构建相同的心理模型。

第八章　结束语

8.1　本书的创新之处

近些年，研究者们从不同角度对现代汉语反义配置的相关问题进行了研究。由于反义配置现象本身具有复杂性，反义配置研究虽然已取得不少成绩，但尚且存在大量的研究空间。本书的创新之处主要集中在以下几个部分：①反义配置概念的提出与界定；②反义配置的基本类型；③反义配置中各标记格式之间形式和语义的异同；④反义配置的语用价值；⑤反义配置的生成和理解的认知机制。

在“反义配置概说”一章，本书将逻辑层面的“反义”、词汇层面的“反义”、语义层面的“反义”进行比较，指出反义配置中的“反义”是语用层面的反义。通过将语用层面的“反义”与邢福义先生的“成分配置”概念相结合，将反义配置界定为：言语使用者出于某种目的，或为了达到某种语用效果，刻意将两个意义相反或相对的语言单位，配置在具有特定句法功能的关系位置上，形成语表上看似矛盾对立，语里上和谐统一的言语运用现象。

在对反义配置进行严格界定的基础上，我们依照汉语各级语法实体，将反义配置划分为词一级的反义配置、短语级的反义配置、小句级的反义配置、复句级的反义配置和句际级的反义配置。由于时间和精力的限制，本书只研究短语级的反义配置和小句级的反义配置。这两个级别的反义配置在生活中最常见、最具代表性。从结构关系看，主谓关系、偏正关系及联合关系是反义配置经常选择的形式模式。本书将反义配置分为主谓式反义配置、偏正式反义配置和联合式反义配置三个大类，并在此基础上根据形式标记将它们细分为若干格式。

第三章到第六章是本书的主要内容。第三章对主谓式反义配置进行形式描写和语义解释。阐述了“X 是非 X”及其变式、“X 不是 X”及其变式、“X 的 Y，非 X”及其变式中各个次类中形式和意义的相同点和不同点。得出的主要结论是：主谓式反义配置是通过故意违反形式逻辑规律中的矛盾律和同一律，使语义具有辩证性。其中，“X 是非 X”及其变式属于哲思型格式，言语使用者常通过主动营造主语和谓语之间意义的极性对立来说明客观世界中的事物或规律的本质，是对矛盾转化规律和对立统一规律的巧妙运用。“X 不是 X”及其变式的形式多样，有对举性的也有非对举性的，部分变式中存在谓词隐含的情况，语用意义需要依赖上下文语境推导。“X 的 Y，非 X”及其变式的语义比较特殊，言语使用者先从客观视角认定某事物具有某种特征，继而又从主观视角否定该事物的这一特征。“X 的 Y，非 X”格式的紧缩变式“XY 非 X”常作为标题使用，具有较强的语境适应性。

第四章针对偏正式反义配置进行形式描写和语义解释。偏正式反义配置包括定心式、状心式和心补式三类。语料显示，定心式是偏正式中最常选择的形式模式，形式最丰富，适用范围最广，处于强势地位，而状心式和心补式的运用较少，使用多受限制。我们认为定心式反义配置的语义类型有三，分别是：①事物表象与实质相结合；②事物对立特征相融合；③限定事物部分特征。我们重点关注了偏正式反义配置中各个次类中的形式和意义的异同。首先，探讨了定心式反义配置中“非 X 的 X”的各个下位格式之间形式和语义的差异。其中“不是 X 的 X”格式和“没有 X 的 X”格式的主要区别在于，前者是一个具有强烈主观性的表达结构，后者是一个具有强烈客观性的表达结构。“不 X 的 X”格式和“非 X 的 XN”格式中的“X”，都被按照特定的规约进行配置，这两种格式的语义需要根据其入句后所显示的语法特性、语法职能以及语言环境来确定。其次，分析了“X（方）的非 X”格式的隐喻问题和空间方位后置词的显隐规律。从语表上看，定语和带定心语之间是相反或相对的关系。从逻辑上看，定语和带定心语之间是包含关系。“X（方）的非 X”格式的语义特点，是将时段和精神意识隐喻为容器，使得其中的意蕴更加丰富。“X（方）的非 X”格式的显性形式中，若定语部分“X（方）”被主观默认为处所，则方位后置词可以隐去。最后，研究了定心式反义配置的粘合情况，与组合式定心反义配置不同，粘合式定心反义配置是具有较强凝固趋势的反义配置，具有熟语性。粘合式的定心反义配置中的一部分可能会因为语义融合、句法凝固、语音整合等原因，逐渐固化，形成固定短语或是“反义配置词”。

第五章针对联合式反义配置进行形式描写和语义解释。我们认为联合式反义配置的结构义能够概括为两种：①对立的感受或状态的加合式并存；②事物或规律的两个对立面的平行式并存。联合式反义配置中，各标记格式之间的语义十分相似，差异性主要表现在逻辑基础方面。在“X又非X”“既X又非X”“又X又非X”“既X且非X”“既X也非X”“X并非X着”六种格式中，前后两个变项之间本来隐含着转折关系，并列连词和关联副词的作用在于将转折关系转化为并列关系。也就是说，它们的逻辑基础都是转折，主观视点上转化为并列，于是语表上标示为并列。“X而非X”格式与其他格式不同，该格式前后两个变项“X”和“非X”本来具有意义上的转折关系，标记词“而”的作用，在于显示这种转折关系。即逻辑基础是转折，主观视点上强化转折，于是语表上标示为转折。其中，“X并非X着”格式的语义较为特殊，表示“‘X’与‘非X’相矛盾，既X又非X，而且是更‘非X’”。该格式既能表示动作或状态的持续，也能凸显后项的动作或状态。

第六章分析了反义配置的语用价值，得出以下结论：第一，反义配置能够凝聚言语容量，是具有高度精简性的言语表达，能够用简单的形式表达丰富的内容。第二，反义配置通过主动营造感觉的冲突，并利用感觉的冲突激活想象，使反义配置具有表达内心感受、激发联想的艺术力量。第三，言语使用者通过巧妙地设立言语矛盾，使言语表达意蕴丰富、耐人寻味。第四，反义配置中经常采用创新型的表达格局，将两组或多组反义配置一起使用，不仅能起到传递额外信息、增强语势的作用，还能使言语表述具有节奏感和韵律美。

第七章考察反义配置的生成和理解机制。反义配置的生成和理解机制能够在“基于心理模型的语用推理”范式理论框架下得到很好的解释。我们根据“自主—依存”分析框架，推导出反义配置生成的认知建构步骤，并结合实例分析反义配置的生成过程。得出的结论是：反义配置的生成过程，是言者在相邻/相似认知规律的制约下寻找依存于自主的表达意图的适当表达形式的过程，这个表达形式是意向性作用的结果。话语理解过程实际上是含意推导的过程，与话语的生成过程相反。根据“显性—隐性”分析框架，我们认为，反义配置的理解过程是听者对言者的话语含意进行推导的过程。由于反义配置所描述的事物在现实中找不到具体对象，因此在理解过程中，同样会受到相邻/相似认知规律的引导，做出相关推理。

8.2 “反义配置”研究的发展空间

从宏观角度看，“反义配置”是语言运用研究中的一个大课题。第二章中我们提到，汉语各级语法实体中均存在反义配置现象，包括词一级的反义配置、短语级的反义配置、小句级的反义配置、复句级的反义配置和句际级的反义配置。本书仅针对短语级和小句级的反义配置中最常见、最普遍的情况进行了研究，并未详细论述其他语法实体中的反义配置情况。本书是“反义配置”研究的初步探索。

在未来的研究中，需要更系统、大量地收集相关语料，可从以下几个基本视角开展进一步的研究：

（一）在现有成果的基础上，从语言事实出发，更加深入地挖掘现代汉语反义配置现象的规律。古代汉语中同样存在反义配置现象，我们需要进一步考察反义配置的古今异同及其历时演变规律。

（二）“反义配置”在不同语体中的使用情况各异，我们可利用统计学的研究方法，考察反义配置的语体分布情况，开展语体相关研究。

（三）反义配置现象在世界各族语言中普遍存在，研究汉语和其他语言中反义配置现象的异同，能够深化对这一具有普遍性的语言现象的认识。

随着语言自身的不断发展和语言学研究的不断深入，我们坚持与时俱进、不断思索，为“反义配置”研究注入新的活力！

主要参考文献

［1］艾思奇．辩证唯物主义 历史唯物主义［M］．北京：人民出版社，1979．

［2］陈昌来，李传军．现代汉语类固定短语研究［M］．上海：学林出版社，2012．

［3］陈嘉映．语言哲学［M］．北京：北京大学出版社，2003：188．

［4］储泽祥．现代汉语空间短语研究［M］．北京：北京大学出版社，2010．

［5］戴维·克里斯特尔．现代语言学词典［M］．北京：商务印书馆，2000．

［6］冯广艺．汉语修辞论［M］．武汉：华中师范大学出版社，2000．

［7］冯广艺．变异修辞学［M］．武汉：湖北教育出版社，2004．

［8］符淮青．现代汉语词汇［M］．增订本．北京：北京大学出版社，2004．

［9］郭聿楷，何英玉．语义学概论［M］．北京：外语教学与研究出版社，2001．

［10］哈杜默德·布斯曼．语言学词典［M］．北京：商务印书馆，2007．

［11］何自然．认知语用学：言语交际的认知研究［M］．上海：上海外语教育出版社，2006．

［12］胡锦涛．胡锦涛文选［M］．北京：人民出版社，2016．

［13］胡壮麟．语言学教程［M］．修订版．北京：北京大学出版社，2001．

［14］蒋有经．模糊修辞浅说［M］．北京：光明日报出版社，1991．

［15］李晗蕾．辞格学新论［M］．哈尔滨：黑龙江人民出版社，2004．

［16］李晋霞．相似复句关系词语对比研究［M］．北京：中国社会科学出版社，2015.

［17］黎千驹．模糊修辞学导论［M］．北京：光明日报出版社，2006.

［18］利奇．语义学［M］．上海：上海外语教育出版社，1987.

［19］刘大为．比喻、近喻与自喻：辞格的认知性研究［M］．上海：上海教育出版社，2001.

［20］陆丙甫．核心推导语法［M］．上海：上海教育出版社，1993.

［21］陆俭明．现代汉语语法研究教程［M］．北京：北京大学出版社，2003.

［22］骆小所．现代修辞学［M］．昆明：云南人民出版社，1994.

［23］吕叔湘．中国文法要略［M］．北京：商务印书馆，1982.

［24］吕叔湘．现代汉语八百词［M］．增订本．北京：商务印书馆，2005.

［25］马真．现代汉语虚词研究方法论［M］．北京：商务印书馆，2001.

［26］倪宝元．大学修辞［M］．上海：上海教育出版社，1994.

［27］戚雨村，董达武，许以理，等．语言学百科词典［M］．上海：上海辞书出版社，1993.

［28］邱斌．汉语方位类词相关问题研究［M］．上海：学林出版社，2008.

［29］石毓智．肯定和否定的对称与不对称［M］．北京：北京语言文化大学出版社，2001.

［30］石毓智．汉语语法化的历程：形态句法发展的动因和机制［M］．北京：北京大学出版社，2001.

［31］石毓智．汉语语法［M］．北京：商务印书馆，2010.

［32］唐松波，黄建霖．汉语修辞格大辞典［M］．北京：中国国际广播出版社，1989.

［33］唐钺．修辞格［M］．北京：商务印书馆，1933.

［34］王希杰．汉语修辞学［M］．北京：北京出版社，1983.

［35］王希杰．汉语修辞学［M］．修订版．北京：商务印书馆，2004.

［36］韦世林．汉语：逻辑相应相异研究［M］．昆明：云南教育出版社，2000.

［37］邢福义，吴振国．语言学概论［M］．武汉：华中师范大学出版社，2002.

［38］邢福义．汉语语法学［M］．长春：东北师范大学出版社，1998.

［39］邢福义．汉语复句研究［M］．北京：商务印书馆，2001.

［40］张伯江．从施受关系到句式语义［M］．北京：商务印书馆，2009.

［41］张斌．新编现代汉语［M］．上海：复旦大学出版社，2002.

［42］张先亮．汉语短语语义语用研究［M］．北京：中国社会科学出版社，2013.

［43］张谊生．现代汉语副词研究［M］．上海：学林出版社，2000.

［44］郑远汉．言语风格学［M］．武汉：湖北教育出版社，1998.

［45］朱德熙．朱德熙文集［M］．北京：商务印书馆，1999.

［46］朱德熙．语法讲义［M］．北京：商务印书馆，1982.

［47］中国社会科学院语言研究所词典编辑室．现代汉语词典［M］．6 版．北京：商务印书馆，2012.

［48］中共中央马克思恩格斯列宁斯大林著作编译局．列宁专题文集：论辩证唯物主义和历史唯物主义［M］．北京：人民出版社，2009.

［49］邹静之．邹静之戏剧集［M］．北京：作家出版社，2014.

［50］宋振芹．反义词分类的语义学研究［J］．南京邮电大学学报（社会科学版），2003（1）.

［51］曹婧一．论同语格的泛化与固化［J］．齐齐哈尔大学学报（哲学社会科学版），2009（1）.

［52］曹秀玲．“得”字的语法化和“得”字补语［J］．延边大学学报（社会科学版），2005（3）.

［53］陈文博．“有一种 X 叫 Y”的语义认知考察：从语法构式到修辞构式的接口探索［J］．当代修辞学，2012（2）.

［54］储泽祥．现代汉语“在＋方位短语”里方位词的隐现机制［J］．中国语文，2004（2）.

［55］戴耀晶．现代汉语表示持续体的“着”的语义分析［J］．语言

教学与研究，1991 (2).

[56] 段曹林. 语义修辞概说 [J]. 柳州职业技术学院学报，2005 (6).

[57] 窦小英. 语用学视角下的矛盾修辞法研究 [J]. 湖北经济学院学报（人文社会科学版），2009 (1).

[58] 方经明. 论汉语空间方位参照认知过程中的基本策略 [J]. 中国语文，1999 (1).

[59] 范晓. 关于语言与思维的关系及其相关问题 [J]. 语言科学，2003 (6).

[60] 范晓. 关于句子的功能 [J]. 汉语学习，2009 (5).

[61] 冯广艺. 说“反饰” [J]. 中学语文，1989 (4).

[62] 傅道彬. “反饰”初探 [J]. 四平师院学报（哲学社会科学版），1982 (2).

[63] 葛胜华. 风景这边独好：也论矛盾修辞格的运用 [J]. 修辞学习，1995 (1).

[64] 韩大伟. 心理空间和反比理解 [J]. 北京化工大学学报（社会科学版），2006 (3).

[65] 韩玉国. 汉语“似矛盾句”的语义解读：兼谈准确描写形容词的逻辑类型 [J]. 汉语学习，2004 (5).

[66] 黄华新，刘星. 混杂隐喻的语义连贯机制 [J]. 浙江社会科学，2015 (4).

[67] 蒋华. “有＋NP”与“缺乏＋NP” [J]. 汉语学报，2011 (4).

[68] 蒋向勇，邵娟萍. 语义范畴的原型理论诠释 [J]. 江西社会科学，2007 (6).

[69] 吉益民. “有一种X叫Y”构式的多维考察 [J]. 语言教学与研究，2011 (2).

[70] 雷卿，王婧. “有一种X叫Y”句式的意识涌现生成机制研究 [J]. 语言教学与研究，2014 (1).

[71] 林曦然. 矛盾修辞探析 [J]. 湘潭师范学院学报（社会科学版），2000 (1).

[72] 刘颖. 汉语矛盾格的多维关照 [D]. 合肥：安徽大学，2011.

[73] 李向农. 现代汉语定心结构中形式与意义的脱节现象 [J]. 安

徽大学学报（哲学社会科学版），1985（4）.

［74］李向农．隐逻辑辞格与混杂隐喻［J］．修辞学习，1987（4）.

［75］李宇明．程度与否定［J］．世界汉语教学，1999（1）.

［76］木村英树．关于补语性词尾“着/zhe/”和“了/le/”［J］．语文研究，1983（3）.

［77］潘红．从语用角度看 Oxymoron［J］．外国语，1997（1）.

［78］戚盛伟．“不是 A 的 A”的语义［J］．修辞学习，1992（4）.

［79］邵春．“小大人”和“老小孩”：基于心理模型的语用推理［J］．外语教学，2012（9）.

［80］沈家煊．语言的“主观性”和“主观化”［J］．外语教学与研究，2001（4）.

［81］沈家煊．语用原则、语用推理和语义演变［J］．外语教学与研究，2004（4）.

［82］宋艳秋．“A 又非 A”矛盾表达式研究［D］．黄石：湖北师范学院，2012.

［83］谭学纯．语用环境：语义变异和认知主体的信息处理模式［J］．语言文字应用，2008（1）.

［84］卫志强，黄月圆，何元建．汉语中的似矛盾句［J］．语言教学与研究，1996（3）.

［85］温锁林．语气副词“并”的语法意义［J］．语文研究，2009（4）.

［86］温锁林，张佳玲．新兴构式“A 并 B 着”研究［J］．语文研究，2014（1）.

［87］吴传飞．“矛盾”辞格的五种格式［J］．修辞学习，1995（2）.

［88］向然．论现代汉语中的连谓语句和状中语句的区分方法［J］．语文建设，2012（4）.

［89］肖青青．也说“有一种 X 叫 Y”格式［J］．汉语学报，2012（1）.

［90］邢福义．现代汉语语法研究的两个“三角”［J］．云梦学刊，1990（1）.

［91］邢福义．说“句管控”［J］．方言，2001（2）.

［92］邢福义．小句中枢说［J］．中国语文，1995（6）.

[93] 邢福义. 否定形式和语境对否定度量的规约 [J]. 世界汉语教学，1995 (3).

[94] 邢福义. 方位结构"X 里"和"X 中" [J]. 世界汉语教学，1996 (4).

[95] 邢福义. 汉语语法结构的兼容性和趋简性 [J]. 世界汉语教学，1997 (3).

[96] 邢福义. 语法研究中"两个三角"的验证 [J]. 华中师范大学学报（人文社会科学版），2000 (5).

[97] 徐盛桓. 话语的含意性 [J]. 外语研究，1996 (3).

[98] 徐盛桓. 话语理解的意向性解释 [J]. 中国外语，2006 (4).

[99] 徐盛桓. 常规推理与"格赖斯循环"的消解 [J]. 外语教学与研究，2006 (3).

[100] 徐盛桓. 自主和依存：语言表达形式生成机理的一种分析框架 [J]. 外语学刊，2007 (2).

[101] 徐盛桓. 基于模型的语用推理 [J]. 外国语，2007 (3).

[102] 杨炳钧，刘方华. 关于不合逻辑的语言表达的意义：以"没有长度的棍子"为例 [J]. 外语学刊，2015 (4).

[103] 杨国栋. 矛盾修辞格的认知理据 [J]. 阜阳师范学院学报（社会科学版），2008 (5).

[104] 杨宁. 从空间到时间的汉语情境和参与者 [J]. 语文研究，1998 (2).

[105] 姚双云. "主观视点"理论与汉语语法研究 [J]. 汉语学报，2012 (2).

[106] 应学凤，王会. 试论"没有 N 的 N"的结构和功能 [J]. 南昌大学学报（人文社会科学版），2006 (9).

[107] 应学凤. 述宾、定中结构的单双音节组配研究述评 [J]. 华文教学与研究，2015 (2).

[108] 袁毓林. 谓词隐含及其句法后果："的"字结构的称代规则和"的"的语法、语义功能 [J]. 中国语文，1995 (4).

[109] 袁毓林. 并列结构的否定表达 [J]. 语言文字应用，1999 (3).

[110] 曾海清. 修辞结构"不是 N 的 N"考察 [J]. 广西社会科学，

2010 (10).

[111] 曾海清. 现代汉语同语式全方位研究 [D]. 合肥：安徽大学，2011.

[112] 张豫峰. “得”字句补语的语义指向 [J]. 山西师大学报（社会科学版），2002 (1).

[113] 张豫峰. 汉语的焦点和“得”字句 [J]. 汉语学习，2002 (3).

[114] 张宗正. 同语修辞研究 [J]. 河南师范大学学报（哲学社会科学版），1986 (4).

[115] 张旭. 矛盾修辞法的认知语义学研究 [D]. 保定：河北大学，2006.

[116] 郑远汉. 有关语言规范的几个问题 [J]. 语言文字应用，2007 (3).

[117] 周烈婷. 汉语方位词“上（面)”、“里（面)”隐现条件的认知解释 [C] //陆俭明. 面临新世纪挑战的现代汉语语法研究. 济南：山东教育出版社，2000.

[118] 施关淦. 关于助词“得”的几个问题 [C] //中国语文杂志社. 语法研究和探索：精选集. 北京：商务印书馆，2011.

[119] 石安石，詹人凤. 反义词聚的共性、类别及不均衡性 [M] //石安石. 语义研究. 北京：语文出版社，1994.

[120] 邹韶华. 现代汉语方位词语法功能补议 [J]. 中国语文，2007 (1).

[121] 左思民. 论否定域和否定焦点：基于语用的考察 [J]. 当代修辞学，2014 (6).

[122] BROWN G，YULE G. Discourse Analysis [M]. Cambridge：Cambridge University Press，1983.

[123] CRAIK K J W. The Nature of Explanation [M]. Cambridge：Cambridge University Press，1943.

[124] FAUCONNIER G，TURNER M. Principles of Conceptual Integration [C] //JEAN P K. Discourse and Cognition. Stanford：CSLI Publications，1998.

[125] JOHNSON-LAIRD P N. Mental Models：Towards a

Cognitive Science of Language, Inference and Consciousness [M]. Cambridge, MA: Harvard University Press, 1983.

[126] LYONS J. Introduction to Theoretical Linguistics [M]. Cambridge: Cambridge University Press, 1968.

[127] LYONS J. Semantics [M]. Cambridge: Cambridge University Press, 1977.

[128] LEECH G, SHORT M H. Style in Fiction [M]. London: Longman, 1979.

[129] LEECH G. Principles of Pragmatics [M]. London: Longman, 1983.

[130] NASH W. Rhetoric: The Wit of Persuasion [M]. Oxford: Basil Blackwell Ltd., 1989.

[131] ONIONS C T. The Oxford Dictionary of English Etymology [M]. Oxford: Clarendon Press, 1982.

[132] RUSE C, HOPTON M. The Cassell Dictionary of Literary and Language Terms [M]. London: Cassell Publishers Ltd., 1992.

[133] WALES K. A Dictionary of Stylistics [M]. London: Longman, 1989.

后　　记

行笔至此，书稿写作已进入尾声，念及在桂子山的求学经历，百感交集。我能够完成学业，是因为得到了太多人的关心、支持和帮助，短短的一篇后记竟不能一一叩谢。

感谢恩师汪国胜教授多年来对我的指导和栽培。当我初入老师门下，老师给我一份详细的书目清单，希望跨专业学习语言学的我打好基础。老师时常关切地问我：书读完了吗？有什么疑问？论文写作有些什么问题？老师作为语言所最忙碌的人，常常超负荷工作却从不疏于对我的指导。翻看过去的往来邮件，绝大多数竟是老师深夜回复的。老师的这份对学生、对语言学事业的赤诚与热爱，让我收获了太多知识和感动。

感谢恩师冯广艺教授的悉心指导和鼓励。我还记得，老师在我的文稿上用红笔逐字逐句地核改和批注，每次都不忘在文稿最后添上一句“祝你成功”。正是老师敏锐的学术直觉、严谨的治学作风和灵动的学术思维的引导，让我正式踏入语言学研究的殿堂。老师的“变异修辞学”使我耳目一新，使我领略到修辞学的魅力。我将来的研究必将在此基础上不断开拓创新，继续前行。

感谢匡鹏飞教授多年来对我的关心，一位可亲可敬的领路人，为我提供学习实践机会，还为书稿的修改提出宝贵建议。

感谢李向农教授、谢晓明教授对我专业学习上的帮助和指导。

感谢语言研究所朱芸博士的帮助与支持，为我学习、生活、工作各方面做了大量工作。

感谢我的挚友、武汉纺织大学外国语学院的曹福然博士及其家人，他们从我准备考博开始就给予实际的关心与支持。感谢我的室友、福建师范大学马克思主义学院的吴长锦博士对我学习、生活上的帮助。

感谢侯冬梅师姐、孙兴亮师弟、穆亚伟师姐、钟虹师姐、武梅琳师妹、何婷婷师妹、徐宜良师兄、李晓芸师妹、赵小娜师姐在攻读博士学位期间对我的关照。

此外，必须言及我们的“语言所吃货小分队”，包括所有曾在语言所资料室刻苦钻研的师兄、师姐、师弟、师妹们。这里有吕文涛、赵嘉祥、王倩、袁昱菡、陈巧静、王停、朱宛莲、王欢、杨锦琳等，外加上我。我们这一群人在生活上互相照顾，在学习上相互督促；有开心事一起庆祝，有糟心事相互鼓励。3 年的朝夕相处让我们融为一个大家庭。毕业后，这些当年一同研究美食、一同研究捕捉资料室硕鼠的队员各奔东西。不过大家约定，无论到哪里，都要把小分队的勤奋和睦、好学上进的氛围沿袭下去。

最后，还要感谢我的父母。感谢你们给了我一个温暖的家，它是我成长道路上的坚强后盾。家，我心灵的港湾，梦想开始的地方。

感谢你们所有人，我的老师、朋友、亲人，感谢你们的陪伴。我将怀着“抬头是山，路在脚下”的信念继续前行，攀登学术高峰，欣赏壮丽的美景。

本书是在我的博士学位论文的基础上修改而成的。书中的错谬不当之处，敬请学界前辈和同仁批评指正。

熊　威

2017 年 3 月于华中师范大学国交 3 栋研究生公寓 415 室

2020 年 1 月修改于上海